Klausura.de

Erfolgreich und unabhängiger lernen...

Fachwirt Kompakt

für

Geprüfte Fachwirte IHK

Zusammenfassung & 75 Aufgaben mit Lösungen

Unternehmensführung

Michael Fischer, Thomas Weber

Bibliografische Information der Deutschen Nationalbibliothek: Die Deutsche Nationalbibliothek verzeichnet diese Publikation in der Deutschen Nationalbibliografie; detail-
lierte bibliografische Daten sind im Internet über http://dnb.dnb.de abrufbar.

Die automatisierte Analyse des Werkes, um daraus Informationen insbesondere über
Muster, Trends und Korrelationen gemäß §44b UrhG („Text und Data Mining") zu gewinnen, ist untersagt.

Verlag: BoD · Books on Demand GmbH, Überseering 33, 22297 Hamburg,

bod@bod.de

Druck: Libri Plureos GmbH, Friedensallee 273, 22763 Hamburg

ISBN: 978-3-7693-5486-7

Dieses Buch wurde von erfahrenen Dozenten zusammengestellt, die über viele Jahre Erfahrung in der Ausbildung und Prüfungsvorbereitung zum „Geprüften Fachwirt IHK" verfügen. Die vorliegende Zusammenfassung und die, an Klausuren angelehnten Aufgaben, werden von den Dozenten auch in ihren Unterrichtseinheiten verwendet und bilden somit eine fundamentale Grundlage für Ihre persönliche Prüfungsvorbereitung.

Anhand des Rahmenstoffplans des DIHK werden die einzelnen Kapitel nach Schwerpunkten zusammengefasst und mit zahlreichen Aufgaben ergänzt.

Selbstverständlich können nicht alle Inhalte des Unterrichtsfaches abgedeckt werden, dies ist auch nicht Sinn und Zweck dieses Buches. Es soll Ihnen helfen sich kompakt mit den Schwerpunkten des jeweiligen Faches auseinanderzusetzen und durch das Lösen der Aufgaben an Sicherheit zu gewinnen.

Für den Wirtschaftsbezogenen Teil der Prüfung finden Sie in der „Klausura-Reihe" unter www.klausura.de weitere Zusammenfassungen und Aufgaben zu folgenden Fächern:

- ✓ Volks und Betriebswirtschaft
- ✓ Rechnungswesen
- ✓ Recht und Steuern
- ✓ Unternehmensführung

Die Inhalte werden mit größtmöglicher Sorgfalt erstellt. Der Anbieter übernimmt jedoch keine Gewähr für die Richtigkeit, Vollständigkeit und Aktualität der bereitgestellten Inhalte.

Aus Gründen der Lesbarkeit wurde im Text die männliche Form gewählt, nichtsdestoweniger beziehen sich die Angaben auf Angehörige aller Geschlechter.

Die Inhalte und die Gliederung richten sich nach dem entsprechenden, aktuellen IHK-Rahmenplan.

Quelle: "IHK Die Weiterbildung" "Rahmenplan mit Lernzielen" DIHK-Verlag.

Inhaltsverzeichnis

Unternehmensführung

4.1 Betriebsorganisation

4.1.1 Unternehmensleitbild, Unternehmensphilosophie, Unternehmenskultur und Corporate Identity

Unternehmensphilosophie: Die Unternehmensphilosophie gibt die Richtung im Unternehmen vor. Sie bildet die Grundlage sowohl für die Unternehmensstrategie, als auch für das Unternehmensleitbild. Die Unternehmensphilosophie besitzt strategischen Charakter und beeinflusst die Pläne und Ziele sowie den Führungsstil und die Führungsgrundsätze der Unternehmensleitung.

Unternehmenskultur: In der Unternehmenskultur spiegeln sich die Werte und Normen des Unternehmens wieder. Hier wird festgelegt, was im Sinne des Unternehmens „gut" und „böse" ist. Sie prägt das Verhalten der Mitarbeiter und Führungskräfte nach innen und nach außen. Die Unternehmenskultur kann beeinflusst, aber nicht vorgegeben werden. Eine Unternehmenskultur entwickelt sich und orientiert sich an den tatsächlichen Verhaltensweisen der Mitarbeiter und Führungskräfte.

Unternehmensleitbild: In einem Unternehmensleitbild werden die Visionen eines Unternehmens schriftlich dokumentiert. Folgende Inhalte sind in einem Leitbild enthalten:

- Werte
- Normen
- Ziele
- Philosophie

Corporate Identity: Unter der „Corporate Identity" versteht man die Identität des Unternehmens nach innen und nach außen. Die Corporate Identity wird auch als das Selbstbild oder Erscheinungsbild des Unternehmens bezeichnet. Die drei Hauptsäulen sind: Corporate Design, Corporate Behaviour und Corporate Communication.

- **Corporate Design** = optische Erkennbarkeit des Unternehmens, hierzu zählen das Logo, die gleiche Arbeitskleidung oder das einheitliche Farbschema auf dem Briefpapier

- **Corporate Behaviour** = Corporate Behaviour kennzeichnet das Verhalten der Mitarbeiter nach innen und nach außen. Hier wird die Frage beantwortet, „Wie gehen wir miteinander um?" Als Beispiel dient der Umgang aller Mitarbeiter innerhalb des Unternehmens (siezen oder duzen)

- **Corporate Communication** = Corporate Communication beschäftigt sich mit der einheitlichen Unternehmenskommunikation, dies betrifft beispielsweise einheitliche Aussagen zur Begrüßung des Kunden am Telefon

4.1.2 Strategische und operative Planung

Zeitlicher Bezug

Bei der zeitlichen Planung werden drei Zeithorizonte unterschieden:

- strategisch > 5 Jahre,
- taktisch 1 < 5 Jahre
- operativ <1 Jahr

Zielbeziehungen

Sowohl bei der strategischen, als auch bei der operativen Planung steht die Zielformulierung im Vordergrund. Es werden hierbei folgende Zielbeziehungen unterschieden:

- **komplementäre Ziele** (Ziele, die sich ergänzen, Beispiel: Umsatz- und Gewinnsteigerung, bei gleicher Kostenstruktur)
- **konkurrierende Ziele** (Ziele, die nur schwer miteinander vereinbar sind, Beispiel: Reduzierung des Gesamtbudgets um 500.000€ und Erhöhung des Auslandsbudgets um 50.000€)
- **antinome Ziele** (Ziele, die sich ausschließen, Beispiel: Erhöhung der Mitarbeiterzufriedenheit und Streichen des Urlaubsgeldes)
- **indifferente Ziele** (Ziele, die unabhängig voneinander sind, Beispiel: Steigerung des Umsatzes und Einführung von Mitarbeiterparkplätzen)

SMART-Regel

Bei der Zielformulierung muss darauf geachtet werden die Ziele operationalisierbar zu machen, d.h. einheitliche, klare Strukturen bei der Zielformulierung zu schaffen, damit alle Beteiligten unter dem festgelegten Ziel das gleiche verstehen.

Um dies zu gewährleisten wird die SMART-Regel angewandt.

S = spezifisch

M = messbar

A = anspruchsvoll

R = realistisch

T = terminiert

Fachwirte Unternehmensführung

<u>Zielkonflikte</u>

Zielkonflikte entstehen häufig durch einen Interessenskonflikt innerhalb des „magischen Dreiecks" (Terminziel, Kostenziel, Qualitätsanspruch).

<u>Zielarten/Zielformen</u>

Quantitative Ziele sind in der Regel wirtschaftliche, messbare Ziele und **qualitative Ziele** sind nicht oder nur schwer messbar und beinhalten eher einen sozialen (Mensch) und ökologischen (Umwelt) Hintergrund.

Quantitative Ziele sind: Senkung der Kosten; Steigerung des Gewinns; Erhöhung des Deckungsbeitrages…

Qualitative Ziele sind: Steigerung des Unternehmensimages; leistungsgerechte Entlohnung; Verwendung wiederverwertbarer Materialien…

4.1.2.1 Strategische Planung

Bei der Erstellung der strategischen Planung werden unterschiedliche strategische Instrumente eingesetzt.

4.1.2.1.1 Produktlebenszyklus

<u>Entwicklungsphase (vorgelagert):</u>

Die Entwicklungsphase, auch Forschungsphase genannt, widmet sich der Ideenfindung & der Produktentwicklung und verursacht somit hohe Kosten. Die Phase endet mit dem ersten Euro Umsatz, d.h., wenn das Produkt am Markt eingeführt wird. Ein genauer Beginn dieser Phase ist nicht zu bestimmen.

Normstrategie = Investitionsstrategie

<u>Einführungsphase:</u>

Die Einführungsphase beginnt mit dem ersten Euro Umsatz und endet mit dem ersten Euro Gewinn.

Normstrategie = Investitionsstrategie

<u>Wachstumsphase:</u>

Die Wachstumsphase beginnt mit dem ersten Euro Gewinn und endet im Gewinnmaximum. Sie ist durch einen steilen Umsatzanstieg gekennzeichnet.

Normstrategie = Investitionsstrategie / Wachstumsstrategie

Reifephase:

Die Reifephase beginnt im Gewinnmaximum und endet im Umsatzmaximum. Diese Phase wird durch den Eintritt des Wettbewerbs gekennzeichnet, d.h. der Gewinn geht bei steigenden Umsätzen zurück, da sich die Kostenstruktur nicht ändert.

Normstrategie = Wachstumsstrategie

Sättigungsphase:

Die Sättigungsphase beginnt im Umsatzmaximum und endet mit dem wieder eintretenden Verlust.

Normstrategie = Abschöpfungsstrategie

Eliminierungsphase:

Die Eliminierungsphase beginnt mit dem ersten Euro Verlust und endet mit der Herausnahme des Artikels (Umsatz = null).

Normstrategie = Eliminierungsstrategie

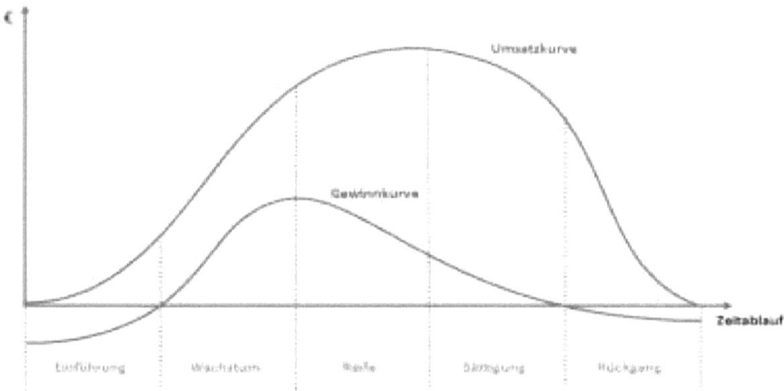

4.1.2.1.2 Portfoliomatrix

Die Portfoliomatrix beschäftigt sich mit dem Marktwachstum (Y-Achse) und dem relativen Marktanteil (X-Achse). Bei dem Marktanteil werden der relative, der immer bei der Portfoliomatrix angewandt wird, und der absolute Marktanteil unterschieden.

Relativer Marktanteil: Beim relativen Marktanteil wird das Verhältnis vom eigenen Umsatz des Unternehmens zum Umsatz des stärksten Wettbewerbs dargestellt.

Absoluter Marktanteil: Der absolute Marktanteil stellt das Verhältnis vom eigenen Umsatz des Unternehmens zum gesamten Marktvolumen dar.

Fragezeichen:

Fragezeichen zeichnen sich über ein hohes (überdurchschnittliches) Marktwachstum und einen geringen Marktanteil (kleiner 1, kein Marktführer) aus. Hoher Bedarf an finanziellen Mitteln ist notwendig, es herrscht ein negativer Cashflow.

Normstrategie = Investitionsstrategie

Sterne:

Sterne besitzen ein hohes, überdurchschnittliches Marktwachstum und sind Marktführer (relativer Marktanteil >1). Der Cashflow ist ausgeglichen, d.h. er dreht vom Negativen ins Positive.

Normstrategie=Wachstumsstrategie

Melkkühe:

Die Melkkühe verdienen das Geld im Unternehmen, sie sind Marktführer, haben aber ein geringes Marktwachstum. Ihre Bedeutung am Markt nimmt ab. Der Cashflow ist deutlich positiv. Mit den erzielten Geldern werden die neuen Produkte im Bereich der Fragezeichen finanziert.

Normstrategie=Abschöpfungsstrategie

Arme Hunde:

Dieses Geschäftsfeld zeichnet sich durch ein geringes Marktwachstum und einen geringen relativen Marktanteil aus. Der Cashflow entwickelt sich vom Positiven zum Negativen.

Normstrategie = Eliminierungsstrategie

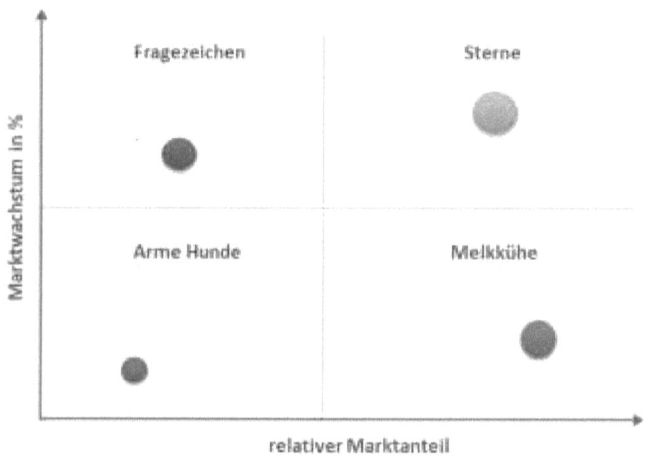

4.1.2.1.3 SWOT-Analyse

Die SWOT-Analyse ist ein strategisches Controlling-Instrument, welches aus internen Stärken und Schwächen sowie externen Chancen und Risiken besteht. Die Stärken und Schwächen sind gegenwartsbezogen, die Chancen und Risiken beziehen sich auf die Zukunft.

interne Schwächen: Verursacher ist das eigene Unternehmen (selbstverschuldet)

externe Risiken: Verursacher sind externe Gegebenheiten, unabhängig vom Unternehmen (alle Einflüsse, die das Unternehmen nicht zu verantworten hat)

Im Zusammenhang mit der SWOT-Analyse spielt die SWOT-Matrix, d.h. die Ableitung von entsprechenden Strategien aus der SWOT-Analyse eine bedeutsame Rolle

SWOT-Matrix

Die SWOT-Matrix besteht aus vier unterschiedlichen strategischen Ansätzen.

- Interne Schwächen treffen auf externe Risiken: Aktivitäten werden verschoben, bis die internen Schwächen abgebaut worden sind.

- Interne Schwächen treffen auf externe Chancen: Abbau der internen Schwächen, um die sich bietenden externen Chancen nutzen zu können.

- Interne Stärken treffen auf externe Risiken: Die internen Stärken sichern die externen Risiken ab.

- Interne Schwächen treffen auf externe Risiken: Die internen Stärken sind die Grundlage, um die externen Stärken nutzen zu können.

4.1.2.1.4 Benchmarking

Benchmark ist der Vergleich mit den Besten der Branche, um eigene Schwächen zu erkennen und abzubauen. Es wird die Frage gestellt: „Was macht der Wettbewerber besser?"

Beim Benchmark wird zwischen externem (Vergleich mit Wettbewerbern) und internem Benchmark (Vergleich mit eigenen Filialen) unterschieden.

Zur Einführung des Benchmarks sind folgende fünf Phasen zu beachten:

Phase 1: Festlegung von Zielen – Was ist für das Unternehmen wichtig?

Phase 2: Situationsanalyse – Wo befinden wir uns?

Phase 3: Wettbewerbsanalyse – Mit wem wollen wir uns vergleichen?

Phase 4: Erfassen und Umsetzen von Verbesserungen – Was wollen wir umsetzen?

Phase 5: Kontrolle –Funktioniert das bei uns auch?

4.1.2.1.5 Management-Informationssysteme

Ein Management-Informationssystem ist ein EDV-gesteuertes Informationssystem ausschließlich für Führungskräfte. In diesem Informationssystem werden alle notwendigen Informationen, die von der jeweiligen Führungskraft benötigt werden aufgeführt. Je höher die Führungsposition im Unternehmen ist, desto höher ist die Freischaltung an Informationen.

4.1.2.2 Operative Planung

Beim Aufbau der operativen Planung wird zwischen einem induktiven und einem deduktiven Ansatz unterschieden.

<u>Induktive Planung:</u>

Bei der induktiven Planung wird von der kurzfristigen Planung auf die langfristige Planung (1 Jahr) geschlossen.

<u>Deduktive Planung:</u>

Bei der deduktiven Planung wird von der langfristigen Planung (1 Jahr) auf die kurzfristige Planung geschlossen.

Bei Planungsansätzen oder Veränderungen von Organisationsstrukturen lassen sich unterschiedliche Ansätze verfolgen. Hierzu zählen die Top-down-Methode, die Bottom-up-Methode und das Gegenstromverfahren.

Top-down-Methode:

Die Planung erfolgt von „oben nach unten", d.h. sie wird von der Geschäftsleitung vorgegeben und von den anderen Managementebenen in Teilbereiche zerlegt und umgesetzt. Beispiel: Die Geschäftsleitung erwartet eine Umsatzsteigerung von 5%, somit werden die einzelnen Warenbereiche in der Art geplant, dass in der Summe 5% Wachstum erzielt werden können. Die einzelnen Teilbereiche hingegen wachsen unterschiedlich. Voraussetzung für eine erfolgreiche Planung nach dem Top-down-Prinzip ist ein sehr guter Informationsfluss.

Bottom-up-Methode:

Die Planung erfolgt „von unten nach oben". Die unteren Managementebenen planen ihre Bereiche autark. Nach erfolgter Teilplanung werden die einzelnen Planungen zusammengefasst und in der Summe der Unternehmensleitung vorgestellt. Die Bottom-up-Methode impliziert eine hohe Motivation der unteren Führungsebenen, da diese ihre Bereiche selber planen.

Gegenstromverfahren:

Die Gegenstromplanung ist eine Kombination aus beiden Verfahren, d.h. einerseits werden Planzahlen für gewisse Bereiche von oben vorgegeben (Top-down), andererseits können die Führungskräfte ihre Bereiche autark planen (Bottom up).

Beispiel: Bei der Neueröffnung eines Shops für Kinderelektronik wird die Planung für diesen Bereich im nächsten Geschäftsjahr höchst wahrscheinlich dem Top-down-Prinzip folgen, da ein gewisses Umsatzwachstum zur Deckung der „schwarzen Null" notwendig ist. Die anderen Bereiche des Spielwarenbereichs werden nach der Bottom-up-Methode vom Lower- und Middle-Management autark geplant.

Instrument der operativen Planung

- Deckungsbeitragsrechnung

- Break-even-Analyse

- Kennzahlen, wie Umsatzrentabilität, Anlagedeckungsgrad, Eigenkapitalrentabilität...

4.1.2.3 Integrative Managementsysteme

<u>Audit</u>

Unter einem Audit versteht man eine Überprüfung von Produkten, Rohstoffen oder Prozessen. Man unterscheidet interne Audits (vom Unternehmen selbst vollzogen) und externe Audits (von Drittparteien durchgeführt). Mögliche Auditformen sind: Verfahrensaudit (Überprüfung, ob die Prozesse den Anforderungen entsprechen, Produktaudit, auch Qualitätsaudit genannt (Überprüfung der Qualität eines Produktes) … .

<u>Zertifizierung</u>

Im Allgemeinen lässt sich eine Zertifizierung in vier Phasen untergliedern.

Phase 1: Vorbereitungen treffen

- Verantwortlichen ernennen
- Ziele festlegen
- Mitarbeiter schulen
- Vorgehensweise festlegen
- …

Phase 2: Steuerung

- Handbücher erstellen
- Erstellen der einzelnen Abläufe im Unternehmen
- Zusammentragen der gesamten Unterlagen
- Prüfung der Ergebnisse durch die internen Auditoren

Phase 3: Auditierung

- Übergabe der Unterlagen an die externe Audit-Stelle
- Prüfung der Unterlagen durch das externe Audit
- Bericht der externen Auditoren an das Unternehmen
- Festlegen von Auflagen bei Nichterfüllung
- Übergabe der Auflagen an das Unternehmen
- …

Phase 4: Abarbeitung der Auflagen im Unternehmen

- Erfüllen der Auflagen

- Berichte an die externen Auditoren mit entsprechenden Nachweisen schicken

- Kontrolle der Erfüllung der Auflagen durch die externen Auditoren

- Übergabe der Urkunde Zertifizierung

Qualitätsmanagement (QM)

Das QM beschäftigt sich mit der Qualität der Produkte und Dienstleistungen, denn Qualität sichert langfristig den Erfolg eines Unternehmens. In der Produktion wird Qualität durch Prüfungen (Audits) gewährleistet und durch das „Total Quality Management" (alle Schritte unterliegen konkreten Qualitätskriterien) garantiert. Die Qualitätskriterien, die sich über Jahre hinweg entwickelt haben unterliegen der Normenfamilie ISO 9.000.

Eines der wichtigsten Elemente des Qualitätsmanagements ist das QM-Handbuch, in dem alle Abläufe und Anforderungen an die Mitarbeiter und an die Fertigung der Produkte dokumentiert sind.

Das QM-Handbuch ist die Voraussetzung für den Erhalt der Zertifizierung. Das gesamte Qualitätsmanagement bezieht sich nicht nur auf Produkte und Dienstleistungen, sondern auch auf Lieferanten und die gesamte Organisationsstruktur eines Unternehmens.

Umweltmanagement

Das Umweltmanagement orientiert sich an der ökologischen Nachhaltigkeit in Unternehmen, d.h. es überwacht die einzelnen Prozesse hinsichtlich der Einhaltung ökologischer Standards. Das gesamte Umweltmanagement richtet sich nach der Normenfamilie ISO 14.000 (weltweite Gültigkeit) oder der EMAS-Norm, die nur innerhalb Europas seine Gültigkeit besitzt.

Das Umweltmanagement achtet darauf, dass in Prozessen und Produktionen, soweit möglich, ökologische Rohstoffe oder wiederverwertbare Substanzen verwendet werden. Weiterhin zählen die Mülltrennung oder die Verwendung von energiesparenden Leuchtmitteln dazu.

Ein weiterer Bestandteil des Umweltmanagements ist das Kreislaufwirtschaftsgesetz, es hat das Ziel Abfälle zu vermeiden. Der Sinn dieses Gesetzes ist die Schonung der Umwelt und der bewusste Umgang mit Rohstoffen und Ressourcen. Das KrWG sagt aus, dass Abfälle, die nicht zu vermeiden sind dem Recycling zuzuführen sind und nur in Situationen, in denen kein Recycling, beispielsweise aus Kostengründen, möglich ist, Abfälle entsorgt werden dürfen.

Arbeitsschutzmanagement

Das Arbeitsschutzmanagement dient dazu den Menschen und die Abläufe im Unternehmen abzusichern. Hierbei wird zwischen Arbeitssicherheit (Absicherung der Prozesse) und Arbeitsschutz (Schutz des Menschen) unterschieden.

Das Arbeitsschutzmanagement gehört zur permanenten Verantwortung aller Führungskräfte nicht entsprechendes Verhalten anzusprechen und auf Einhaltung der Sicherheitsstandards zu bestehen.

Arbeitsschutzmanagement hat in Unternehmen viele Gesichter und wird beispielsweise durch einen Sicherheitsbeauftragten, einen Gefahrgutbeauftragten oder einen Immissionsschutzbeauftragten dargestellt.

Energiemanagement

In der heutigen Zeit wird dem Energiemanagement immer höhere Bedeutung beigemessen. Das Energieaudit läuft nach EN 16247, in Verbindung mit ISO 50001 ab. Aufgaben des Energiemanagements sind u.a.:

- Einsparung von Kosten durch den effizienten Einsatz neuer Energieformen

- Schonung natürlicher, begrenzter Ressourcen

- Erfüllung gesetzlicher Vorgaben

- Verwendung und Forcierung regenerativer Energien

- …

4.1.3 Aufbauorganisation

Innerhalb des strukturellen Aufbaus eines Unternehmens wird zwischen Aufbau- und Ablauforganisation unterschieden.

Die **Aufbauorganisation** stellt die Struktur eines Unternehmens dar, sie ist, um es mit einem Menschen zu vergleichen, das Skelett und sorgt dafür, dass das Gebilde stabil und aufrecht steht. Die Aufbauorganisation verkörpert die Hierarchie eines Unternehmens und gibt somit Auskunft, wer, wem, was zu sagen hat und wer, wem unter- bzw. überstellt ist. Eine Hierarchie besteht aus einer Vielzahl von Stellen. Eine Stelle bildet die kleinste organisatorische Einheit im Unternehmen. Eine Stelle mit Entscheidungsbefugnis heißt Instanz. Die höchste Instanz im Unternehmen ist die Unternehmensleitung.

Die **Ablauforganisation** hingegen beschreibt die Prozesse im Unternehmen. Sie ist, um wieder auf den Körper Bezug zu nehmen, der Blutkreislauf, bzw. stellt die inneren Organe eines Menschen dar, die diesen am Leben halten. In der Ablauforganisation werden die einzelnen Prozesse genauestens definiert, damit gerade neue Mitarbeiter eine bessere Orientierung bekommen. Hier werden klare Regeln für die Zusammenarbeit innerhalb einer Abteilung definiert. Die Hauptaufgabe der Ablauforganisation ist die Steuerung und Kontrolle der verschiedenen Prozesse im Unternehmen.

4.1.3.1 Bildung von Organisationseinheiten

Zur Bildung einer Hierarchie innerhalb einer Organisation wird auf die „Aufgabenanalyse" und die „Aufgabensynthese" zurückgegriffen.

Aufgabenanalyse: Eine Aufgabenanalyse zerlegt eine Gesamtaufgabe in Teilaufgaben, d.h. die einzelnen Prozesse werden in Teilprozesse zerlegt. Eine Aufgabenanalyse kann anhand folgender Kriterien erfolgen:

- Verrichtung (Tätigkeit steht im Vordergrund)

- Objekt (Objekt steht im Vordergrund)

- Rang (Einteilung in Haupt- und Unteraufgaben)

- Phase (Gliederung der Aufgaben in Planungs- Umsetzungs- und Kontrollphase)

- Zweckbezug (Einteilung nach Aufgaben, die direkt, unmittelbar mit dem Objekt selbst zu tun haben und Aufgaben, die nicht unmittelbar dem Kernobjekt zuzuordnen sind)

Aufgabensynthese: Eine Aufgabensynthese fasst die einzelnen Teilaufgaben, die logisch und funktionstechnisch zueinander passen, zusammen und ordnet diese einer Stelle zu.

Strukturelemente innerhalb der Aufbauorganisation

Stelle: Eine Stelle bildet die kleinste organisatorische Einheit im Unternehmen.

Instanz: Eine Stelle mit Entscheidungsbefugnis heißt Instanz. Die höchste Instanz im Unternehmen ist die Unternehmensleitung.

Center

Bei der Frage, ob sich zentrale oder dezentrale Strukturen im Unternehmen widerspiegeln, werden organisatorische Teilbereiche, sogenannte Center, geschaffen, die je nach Grad der Verantwortung in Cost-Center, Profit-Center oder Investment-Center unterteilt werden.

Cost-Center: Das Cost-Center erhält für die vereinbarten Ziele ein vorgegebenes Budget und darf dies nicht überschreiten. Es hat keinen Einfluss auf den Gewinn oder die anstehenden Investitionen.

Profit-Center: In einem Profit-Center ist das Unternehmen für den Umsatz, die Kosten und den Gewinn selbst verantwortlich. Die Gewinnerwartung wird vorgegeben, der Weg zum Erreichen des Ziels nicht.

Investment-Center: Neben der Verantwortung für Umsatz, Kosten und Gewinn trägt das Investment-Center noch die Verantwortung für den gesamten Kapitaleinsatz, d.h. für das Aufnehmen von Krediten und die Verwendung der Gelder für Investitionen.

4.1.3.2 Instrumente der Aufbauorganisation

Stellenbeschreibung

In einer Stellenbeschreibung werden die Aufgaben der Stelle und die Anforderungen an die Stelle dargelegt. Zu den Inhalten einer Stellenbeschreibung gehören:

- Stellenbezeichnung.

- Aufgaben der Stelle.

- Ziele der Stelle.

- Überstellung als Vorgesetzter (Für welche Mitarbeiter ist der Stelleninhaber disziplinarischer und fachlicher Vorgesetzter?).

- Befugnisse, die mit der Stelle verbunden sind.

- Unterstellung (Wer ist der direkte Vorgesetzte des Stelleninhabers?).

- …

4.1.3.3 Organisationsformen

Einliniensystem

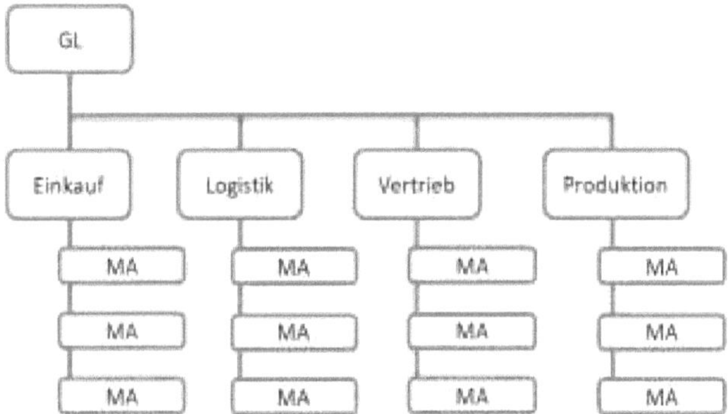

Vorteile:

- klare Strukturen
- jeder weiß, wer sein direkter Vorgesetzter ist

Nachteile:

- bei zu vielen Mitarbeitern ist keine Kontrolle mehr möglich
- lange Dienstwege

Mehrliniensystem

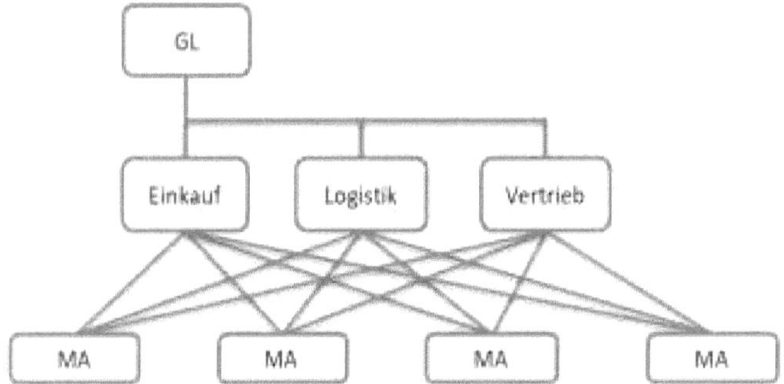

Die Problematik bezüglich fachlichem und disziplinarischem Vorgesetzten besteht darin, dass der Mitarbeiter zwei Vorgesetzte hat, aber nur einem disziplinarisch unterstellt ist. Somit hat der Fachvorgesetzte keine Möglichkeit den Mitarbeiter bei Verfehlungen arbeitsrechtlich zu belangen. Er ist immer auf die Unterstützung des disziplinarischen Vorgesetzten angewiesen. Dies führt zu Frustration und zu Konflikten.

<u>Vorteile:</u>

- Anweisungen vom Spezialisten

- Steigerung des individuellen Know-hows des Mitarbeiters

<u>Nachteile:</u>

- Keine klare Struktur bei fehlender Abstimmung der Führungskräfte

- Problematik fachlicher und disziplinarischer Vorgesetzter

Stabliniensystem

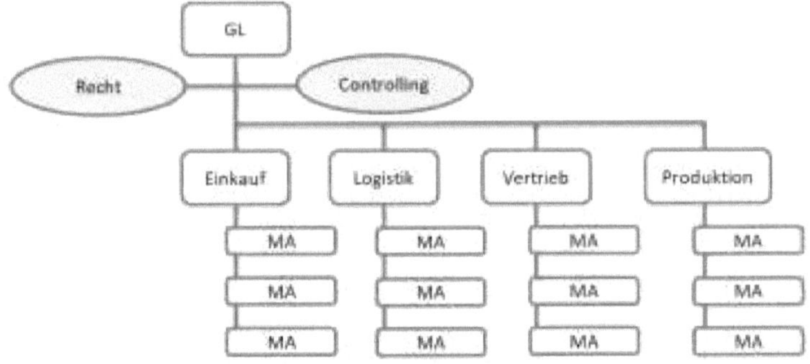

<u>Vorteile:</u>

- Entlastung der Führungskraft

- Spezialisten arbeiten in den Stäben

- ....

<u>Nachteile:</u>

- hohe Kosten durch Spezialisten

- Stäbe tragen keine Verantwortung

- ...

Spartenorganisation

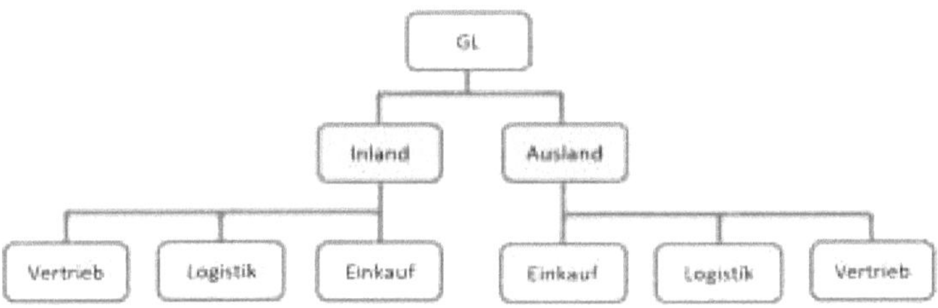

<u>Vorteile:</u>

- kurze Wege

- Spezialisten arbeiten vor Ort hohes Fachwissen

- ….

<u>Nachteile:</u>

- Gefahr der Verselbstständigung

- hohe Abstimmung der Linien erforderlich

- hohe Kosten

- …

Matrixorganisation

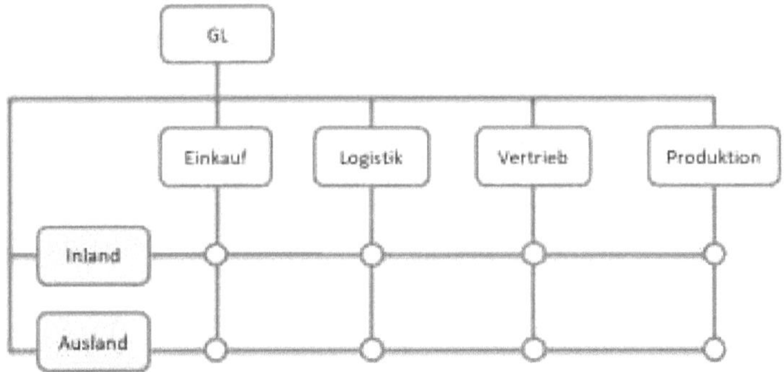

Fachwirte Unternehmensführung

<u>Vorteile:</u>

- hoher Informationsaustausch
- in allen Bereichen
- schnelle Anpassung an wirtschaftliche
- Veränderungen
- Mitarbeiter nutzen Wissen der Spezialisten
- …

<u>Nachteile:</u>

- permanenter Kommunikationsbedarf
- hohe Abstimmung in den einzelnen Linien notwendig
- hohe Kompromissbereitschaft bei unterschiedlichen Sichtweisen erforderlich
- GL oft als Moderator gefordert
- …

4.1.4 Ablauforganisation

In der Ablauforganisation werden die einzelnen Prozess im Unternehmen dargestellt.

<u>Elemente der Ablauforganisation</u>

- Flussdiagramm
- Balkenpläne
- Netzplantechnik

<u>Netzplantechnik</u>

Die Netzplantechnik ist eine Technik, die komplexe Vorgänge in einzelne Vorgänge, sogenannte „Knoten", unterteilt. Diese Knoten bestehen aus verschiedenen Zeitabschnitten:

FAZ: Frühester Anfangszeitpunkt

FEZ: Frühester Endzeitpunkt

SAZ: Spätester Anfangszeitpunkt

SEZ: Spätester Endzeitpunkt

D: Dauer

P: Puffer

Die Netzplantechnik ist die einzige Darstellungsmethode von Abläufen und Vorgängen, in welcher Puffer anzeigt werden. Diese auftretenden Puffer sollten dann von den Verantwortlichen genutzt werden verschiedene Vorgänge (Knoten) zu optimieren, um damit die Dauer der einzelnen Abläufe, wenn möglich, zu verringern.

Der „**Kritische Weg**" beschreibt den Ablauf vom Start bis zum Ende eines gesamten Produktionsvorgangs, bei dem kein Puffer vorhanden ist. Jede Verzögerung bedeutet eine Verschiebung des Endtermins nach hinten.

<u>Vorteile:</u>

- klare Strukturen
- Visualisierung von Pufferzeiten
- Darlegung von Engpässen
- …

<u>Nachteile:</u>

- bei zu vielen Vorgängen wird es unübersichtlich
- kleinste Änderungen führen zu neuen Netzplänen
- …

<u>Workflow</u>

Als Workflow gilt ein Prozess mit definiertem Anfang, einem festgelegten Ablauf und einem definierten Ende.

4.1.5 Analysemethoden

4.1.5.1 Methoden zur Messung der Kundenzufriedenheit und Auswertung der Ergebnisse

Neben den klassischen Methoden zur Messung der Kundenzufriedenheit, wie Fragebögen, Kundenbefragungen etc., existieren wissenschaftliche Analysen, die neben der Messung der Kundenzufriedenheit auch für andere unternehmerische Bereiche genutzt werden können.

ABC-Analyse

Die ABC-Analyse unterteilt Artikel in:

- A-Artikel (wichtige Artikel, die ungefähr 70 - 80% des Wertes der Lagerbestände, aber nur ca. 15 – 20% der Menge widerspiegeln)

- B-Artikel (mittel wichtige Artikel, die ungefähr 25 – 30%% des Wertes der Lagerbestände und ca. 30 - 40% der Menge darstellen)

- C-Artikel (unwichtige Artikel, die ungefähr 10 – 15% des Wertes der Lagerbestände und ungefähr 70 - 80% der Menge dokumentieren)

Die ABC-Analyse bei der Erledigung von Aufgaben:

- A-Aufgaben sind nicht delegierbar und haben höchste Priorität

- B-Aufgaben können delegiert werden, unterliegen aber einer permanenten Kontrolle durch den Verantwortlichen

- C-Aufgaben werden entweder komplett delegiert oder sogar ganz weggelassen

Ishikawa-Diagramm

Der Japaner Kaoru Ishikawa entwickelte die These, dass einem Problem immer mehrere Einflussgrößen zugrunde liegen. Laut seines Ansatzes sind sieben M´s als mögliche Einflussgrößen für ein Problem zu nennen.

- Mensch
- Maschine
- Methode
- Milieu
- Management
- Messung
- Material

Das Ishikawa-Diagramm, auch als Fischgräten-Diagramm oder Tannenbaum-Diagramm bekannt, lässt sich in fünf Phasen unterteilen:

- Zunächst muss das aufgetretene Problem detailliert beschrieben werden, und zwar so, dass jeder Mitarbeiter der Abteilung das Problem versteht. Die Problemformulierung erfolgt in klaren, einfachen und verständlichen Sätzen.

- Im zweiten Schritt werden die möglichen Einflussgrößen bestimmt (7M´s).

- Nun wird mit Hilfe der Kreativitätstechniken nach den möglichen Ursachen geforscht.

- Jetzt erfolgt die Zuordnung der Ursachen zu den Einflussgrößen.

- Abschließend wird eine Prioritätenliste erstellt, welche Ursachen zuerst beseitigt werden sollen.

<u>Balanced Scorecard</u>

Die Balanced Scorecard ist ein strategisches Steuerungsinstrument für das Top-Management eines Unternehmens. Sie besteht aus vier unterschiedlichen Perspektiven:

- Kundenperspektive

- Finanzperspektive

- •Mitarbeiterperspektive

- •Prozessperspektive

Sinn dieser „ausgewogenen Punktekarte" ist die Analyse des Unternehmens aus Sicht jeder einzelnen Perspektive. Hierbei wird das Unternehmen jeweils nur aus einer der vier Perspektiven, beispielsweise der Kundenperspektive, betrachtet und alle anderen Perspektiven werden zunächst ausgeblendet. Für jede einzelne Perspektive werden mindestens ein Ziel, eine Kennzahl und eine Maßnahme zur Zielerreichung festgelegt. Diese Vorgehensweise wird für jede einzelne Perspektive wiederholt.

Gelingt es alle Ziele der unterschiedlichen Perspektiven zu erreichen, wird automatisch die Strategie, bzw. das Hauptziel des Unternehmens erreicht.

4.1.5.2 Wertanalyse

Bei einer Wertanalyse werden den Produkten und Dienstleistungen Funktionen zugeordnet. Im Mittelpunkt der Wertanalyse steht die Wertsteigerung, bei der das Verhältnis zwischen Aufwand und Nutzen dargestellt wird.

Eine Wertanalyse läuft in folgenden Schritten ab:

1. Planung / Organisation

2. Ist-Analyse

3. Abgleich Ist- und Sollzustand

4. Entwickeln von Lösungen

5. Umsetzung der ausgewählten Lösung

4.1.5.3 Betriebsstatistiken als Entscheidungshilfe

In Unternehmen existieren zahlreiche Statistiken, wie Umsatzstatistik, Kostenstatistik, Fluktuationsstatistik, Statistik über die Krankenquote, Urlaubsstatistik….

Um eine zuverlässige Aussagekraft der verschiedenen Statistiken zu erhalten sind folgende Schritte notwendig:

- Auswahl der Grundgesamtheit, Auswahl der Stichprobe.

- Datenerhebung.

- Datenstrukturierung.

- Datendokumentation.

- Analyse der Daten.

- Ziehen von Rückschlüssen, Treffen von Entscheidungen, aufgrund der Daten.

4.2 Personalführung

4.2.1 Zusammenhang zwischen Unternehmenszielen, Führungsleitbild und Personalpolitik

Ethik und Moral

Moral: Moral steht für Werte und Normen, die das Verhalten von Menschen in der Gesellschaft und im Unternehmen bestimmen. Hier wird die Basis für die Definition von „Gut" und „Böse" gelegt.

Ethik: Ethik verleiht der Moral einen wissenschaftlichen Anstrich, d.h. Ethik versucht moralische Grundsätze wissenschaftlich zu begründen.

Zentrales – dezentrales Personalmanagement

Zentrales Personalmanagement (Steuerung des Personalmanagements von einer Stelle):

Vorteile:

- kostengünstig

- Bündelung des fachlichen Know-how an einer Stelle

- nur eine Stelle zur Verwaltung der Daten

- einheitliche Umsetzung

Nachteile:

- keine Berücksichtigung regionaler Besonderheiten
- geringe Flexibilität
- Gefahr der Überlastung
- …

Dezentrales Personalmanagement (Jede Filiale, jede Region hat ihr eigenes Personalmanagement):

Vorteile:

- höhere Flexibilität
- Eingehen auf regionale Besonderheiten möglich
- individuelle Personalentwicklung möglich
- …

Nachteile:

- kostenintensiv
- Gefahr der regionalen Verselbstständigung
- höherer Verwaltungsaufwand
- keine einheitlichen Strukturen
- …

<u>Umsetzung des Personalmanagements in Unternehmen</u>

Zur Umsetzung eines Personalmanagements in Unternehmen stehen mehrere Möglichkeiten zur Verfügung.

- Die Geschäftsleitung selbst übernimmt das Personalmanagement, eignet sich eher für kleinere und mittlere Betriebe.
- Das Personalmanagement wird von einer eigens geschaffenen Personalabteilung im Unternehmen übernommen.
- Das Personalmanagement wird in den jeweiligen Abteilungen angesiedelt.
- Eine weitere Möglichkeit besteht darin das gesamte Personalmanagement einem externen Spezialisten zu überlassen (Ausgliederung).

4.2.2 Arten von Führung

4.2.2.1 Führen über Motivation

<u>Bedürfnispyramide nach Maslow</u>

Die Bedürfnispyramide nach Maslow besteht aus fünf Ebenen. Die unterste Ebene beinhaltet die körperlichen Grundbedürfnisse, wie das Bedürfnis nach Nahrung und einer Wohnung.

Auf der zweituntersten Ebene befindet sich das Bedürfnis nach Sicherheit, z.B. nach einem sicheren Arbeitsplatz. In der Mitte der fünfstufigen Pyramide steht das Bedürfnis nach sozialen Kontakten im Beruf und im Privatleben.

An zweitoberster Stelle findet sich die soziale Anerkennung wieder, die sich im Beruf in einer verantwortlichen Position und im Privaten in einem Ehrenamt wiederspiegelt.

An höchster Stelle der Pyramide befindet sich die persönliche Selbstverwirklichung, beispielsweise eine berufliche Tätigkeit, die Spielraum zur Entwicklung der eigenen Persönlichkeit zulässt.

<u>Intrinsische – extrinsische Motivation</u>

Unter einer intrinsischen Motivation versteht man eine Motivation, die ihren Antrieb von innen heraus begründet, d.h. von der Person selber kommt. Manche Tätigkeiten übt man gerne aus, weil sie Spaß machen und herausfordernd sind. Im Gegensatz dazu zeugt extrinsische Motivation von Anreizen, die von außen kommen, wie beispielsweise finanzielle Gesichtspunkte oder Aufstiegsmöglichkeiten.

4.2.2.2 Führungstechniken

<u>Management by Objectives:</u>

Management by Objectives bedeutet "Führen durch Zielvereinbarung". Hierbei werden die Ziele gemeinsam mit dem Mitarbeiter festgelegt (SMART-Regel) und der Mitarbeiter beschreitet den Weg zum Ziel weitestgehend alleine. Sollte er den vorgegebenen Rahmen einmal verlassen, greift die Führungskraft unterstützend ein. Der Weg zum Erreichen des Ziels steht hierbei im Vordergrund.

<u>Vorteile:</u>

- für den Mitarbeiter motivierend
- Transparenz in der Beurteilung der Leistung

- klare Struktur der Ziele durch die SMART-Regel

<u>Nachteile:</u>

- eventuell zu hoher Leistungsdruck für den Mitarbeiter alleine das Ziel zu erreichen

- Unklarheiten bei der Zielformulierung ohne SMART-Regel

- bis zur erfolgreichen Umsetzung kann es lange dauern

<u>Management by Delegation:</u>

Bei Management by Delegation (Aufgabenbezogenes Führen) werden dem Mitarbeiter konkrete Aufgaben oder kleine Projekte übertragen, die er alleine abwickelt. Voraussetzung für die Umsetzung dieser Führungstechnik ist die Delegation von Kompetenz und Verantwortung an den Mitarbeiter und das „Loslassen" der Führungskraft.

<u>Vorteile:</u>

- Entlastung der Führungskraft

- hoher Lerneffekt beim Mitarbeiter

- Förderung der Selbstständigkeit der Mitarbeiter

<u>Nachteile:</u>

- drohende Überforderung der Mitarbeiter

- Gefahr des Scheiterns

- keine Entwicklung, wenn die Führungskraft nicht „loslassen" kann

Zwei Modelle zur Unterstützung der Führungstechnik Management by Delegation sind das „Pareto-Prinzip" und die „Eisenhower-Methode".

Pareto-Prinzip

Der Italiener Vilfredo Pareto entwickelte bei der Untersuchung über die Verteilung des Volksvermögens gegen Ende des 19. Jahrhunderts die nach ihm benannte Regel. Er stellte fest, dass 20% der Bevölkerung über 80% des Vermögens besaßen. Weitere Beispiele der Pareto-Regel sind:

- mit 20% der Artikel werden 80% der Umsätze erzielt

- 20% aller Krankheitssymptome verursachen 80% aller Erkrankungen im Beruf (Grippe, Bandscheibe, Burnout)

Eisenhower-Methode

Der ehemalige Präsident der USA, „Dwight D. Eisenhower", hat eine 4-Felder Matrix bezüglich Dringlichkeit und Wichtigkeit erstellt. Er unterteilte die täglich zu absolvierenden Aufgaben in:

dringlich & wichtig - dringlich & nicht wichtig - nicht dringlich, aber wichtig und nicht dringlich & nicht wichtig

- Strategie I: Aufgaben, die wichtig und dringend sind, werden von der Führungskraft selbst erledigt.

- Strategie II: Aufgaben, die wichtig, aber nicht dringend sind, werden auf Wiedervorlage gelegt und später abgearbeitet.

- Strategie III: Aufgaben, die nicht wichtig, aber dringend sind, werden delegiert.

- Strategie IV: Aufgaben, die nicht wichtig und nicht dringend sind, werden weggelassen.

Management by Exception:

Management by Exception (Führen nach dem Ausnahmefall) hat zum Ziel dem Mitarbeiter dauerhaft Verantwortung zukommen zu lassen und nur in Ausnahmefällen einzugreifen. Beispiel: Ein Mitarbeiter darf im Einkauf bis zu 5.000€ selbstständig einkaufen und entscheiden. Alles was die 5.000€ übersteigt, muss mit Rücksprache des Vorgesetzten entschieden werden, bzw. entscheidet die Führungskraft.

Management by Decision Rules:

Management by Decision Rules (Führen nach Regeln) ist die Führungstechnik, bei der der Mitarbeiter in einem bestimmten Bereich völlig autark Entscheidungen treffen darf und soll, solange er sich an die vorgegebenen Regeln hält.

4.2.3 Führungsstile

Die Führungsstile lassen sich in drei Dimensionen einteilen:

- eindimensional: autoritär, kooperativ, laissez faire

- zweidimensional: leistungs- und mitarbeiterorientiert (GRID, Blake Mouton)

- dreidimensional: situativ

<u>eindimensionaler Führungsstil</u>

Autoritärer Führungsstil: Der autoritäre Führungsstil zeichnet sich dadurch aus, dass die Aufgaben von oben nach unten angewiesen werden. Ein selbstständiges Denken sowie eine Eigeninitiative der Mitarbeiter sind nicht gewünscht und werden auch nicht geduldet. Die Führungskraft erwartet, dass die Anweisungen ohne Widerspruch ausgeführt werden. Dem Vorteil der schnellen Entscheidungsfindung steht beispielsweise der Nachteil der Demotivation der Mitarbeiter gegenüber.

Kooperativer Führungsstil: Im Gegensatz zum autoritären Führungsstil setzt der kooperative Führungsstil auf die Meinung und die Ideen der Mitarbeiter. Hierbei wird Eigenverantwortung auf die Mitarbeiter übertragen. Vorteil des kooperativen Führungsstils ist die hohe Motivation der Mitarbeiter, nachteilig wirkt sich die anhaltende Diskussion über den Lösungsweg und die Dauer der Entscheidungsfindung aus.

Laissez-faire Führungsstil: Dieser Führungsstil fördert die Kreativität und die Freiheit der Mitarbeiter in Unternehmen. Die Mitarbeiter bestimmen die jeweiligen Abläufe innerhalb ihres Aufgabengebietes selber und sind der Führungskraft diesbezüglich auch keine Rechenschaft schuldig. Somit wird die selbstständige Arbeitsweise der Mitarbeiter sehr stark gefördert. Vor allem in den Bereichen Werbung und EDV wird dieser Führungsstil häufiger angewandt. Im Bereich der Produktion ist er undenkbar.

<u>zweidimensionaler Führungsstil</u>

Der zweidimensionale Führungsstil orientiert sich nicht nur an der reinen Leistung, sondern berücksichtigt auch die menschliche Komponente. Blake und Mouton haben aus dieser Erkenntnis weitere Führungsvarianten unter dem Dach des zweidimensionalen Führungsstils entwickelt.

- 9.1-Führungsstil: sehr stark leistungsorientiertes Führen, die menschliche Komponente kommt nicht vor

- 1.1-Führungsstil: weder leistungs- noch mitarbeiterorientiertes Führen

- 1.9-Führungsstil: im Mittelpunkt steht der Mensch und weniger die Leistung

- 9.9-Führungsstil: ausgewogenes Führungsverhalten, die Leistung und der Mensch werden auf eine Stufe gestellt

- 5.5-Führungsstil: hier steht der Kompromiss im Vordergrund

<u>dreidimensionaler Führungsstil</u>

Der dreidimensionale Führungsstil, auch situativer Führungsstil genannt, beruht auf der Erkenntnis, dass die einzelnen Führungsstile, ob ein- oder zweidimensional, nicht immer auf jede Person gleich anzuwenden sind. Der situative Führungsstil nach Hersey/Blanchard passt den Führungsstil der jeweiligen Person und dessen Reifegrad an. Die drei Dimensionen des situativen Führungsstils sind der Mitarbeiter, die Führungskraft und die Aufgabe.

<u>Reaktion auf einen Fehler des Mitarbeiters anhand der unterschiedlichen Führungsstile</u>

autoritärer Führungsstil: Der Mitarbeiter fällt in Ungnade, wird gemaßregelt und bekommt Angst.

Laissez-faire Führungsstil: Es erfolgt kein Feedback mit dem Mitarbeiter, der Fehler wird nicht offiziell wahrgenommen.

1.9-Führungsstil: Der Mitarbeiter steht im Vordergrund, es interessiert eher wie sich der Mitarbeiter fühlt, als die Notwendigkeit die Ursache für den Fehler zu eliminieren.

situativer Führungsstil: Je nach Reifegrad des Mitarbeiters fallen die Reaktionen unterschiedlich aus.

4.2.4 Führen von Gruppen

Beim Führen von Gruppen kommen zwei Effekte zum Vorschein, die Gruppenkohäsion und die Gruppendynamik.

Eine Gruppendynamik beschreibt sich entwickelnde Verhaltensweisen, die sich aus dem Zusammensein einer Gruppe entwickeln. Innerhalb einer Gruppe werden gleichartige Meinungen verstärkt und gemeinsame Lösungsvorschläge vorangetrieben. Dies wäre bei jeweiligen Einzelmeinungen außerhalb der Gruppe nicht möglich. Gruppendynamik kann produktiv oder unproduktiv sein, d.h. Problemlösungen vorantreiben oder behindern.

Als Gruppenkohäsion wird der Zusammenhalt der einzelnen Mitarbeiter innerhalb einer Gruppe bezeichnet.

4.2.4.1 Teambildungsprozess

Die Phasen der Teamentwicklung lauten: Forming Storming Norming Performing.. Adjourning.

Forming (Orientierungsphase): Gruppenmitglieder treffen zum ersten Mal innerhalb der neu formierten Gruppe aufeinander. Es existieren keine Regeln und keine klaren Abläufe. Verschiedene Gruppenmitglieder starten den Versuch der Profilierung. Teamstatus: nicht vorhanden!

Storming (Konfliktphase): Klärung der einzelnen Rollen innerhalb der Gruppe. Wer ist der informelle Führer? Wer ist Mitläufer? etc. Es kommt zu Konflikten innerhalb der Gruppe, die Gruppe formiert sich. Teamstatus: entwickelt sich!

Norming (Strukturierungsphase): Jedes Gruppenmitglied hat seinen Platz gefunden, die unterschiedlichen Autoritäten und Positionen innerhalb der Gruppe werden anerkannt. Die Spielregeln der Zusammenarbeit bilden sich und werden von allen akzeptiert. Teamstatus: Team hat sich gebildet!

Performing (Leistungsphase): Leistungssteigerung innerhalb der Gruppe. Jedes Teammitglied erfüllt seine Aufgaben, somit ist die Produktivität der Gruppe höher als die Summe der Einzelleistungen. Teamstatus: Team entwickelt sich weiter!

Adjourning (Auflösungsphase) Das Projekt ist abgeschlossen, alle Ziele sind erreicht. Das Projektteam löst sich auf.

4.2.4.2 Typen von Gruppenmitgliedern

Emigrant kann sich mit den Veränderungen nicht anfreunden und verlässt das Unternehmen.

Offener Gegner sagt offen, dass er mit den Veränderungen nicht einverstanden ist, ihm geht es nur um die Sache. Diesem Mitarbeitertyp sollte zugehört und mit ihm über Veränderungen diskutiert werden.

Neider neidet der neuen Führungskraft die Position und schürt in der Abteilung Unruhe und Unzufriedenheit.

Befürworter unterstützt die Veränderungen, da er entweder für sich selbst und / oder für das Unternehmen einen Vorteil aus diesem Wandel erkennt.

4.2.4.3 Konfliktmanagement

Konflikt

Von einem Konflikt (Spannungssituation) spricht man, wenn mindestens zwei Personen über unterschiedliche Ansichten, Einstellungen, Werte und Normen verfügen und diese innerhalb einer Gruppe aufeinandertreffen.

Fachwirte Unternehmensführung

Gründe der Konfliktentstehung

- starke Leistungsunterschiede innerhalb eines Teams
- Überforderung einzelner Mitarbeiter
- unterschiedliche Interessensgruppen
- unterschiedliche Wissensstände zu vereinzelten Problemfeldern
- Angst vor Veränderungen
- Neid und Missgunst
- …

Arten von Konflikten

Beurteilungskonflikt: Unterschiedlicher Informationsstand führt zu unterschiedlichen Beurteilungen der Situation.

Verteilungskonflikt: Durch begrenzte Ressourcen und den dadurch entstehenden Verteilungskampf entsteht ein Konflikt.

Wertekonflikt: Stoßen Menschen mit unterschiedlichen Werten, Normen und Moralvorstellungen aufeinander, kann es zu Konflikten kommen.

Beziehungskonflikt: Neid, Missgunst und Vorurteile führen zu Konflikten, wenn die eine Seite die andere Seite persönlich verletzt.

Konsequenzen, wenn Konflikte nicht gelöst werden

- sinkende Produktivität
- sinkender Teamgedanken
- Erhöhung des Krankenstandes
- erhöhte Fluktuation
- steigende Unzufriedenheit
- …

Ablauf eines Konfliktes

- Meinungsverschiedenheiten und Spannungen führen zu Konflikten (Konfliktentstehung).
- Die Führungskraft erkennt durch unterschiedliche Verhaltensweisen der Beteiligten den Konflikt (Konflikterkennung).

- Die Führungskraft analysiert die Ursachen des Konfliktes und schätzt die Art des Konfliktes ein (Konfliktanalyse).

- Die Führungskraft muss die Herangehensweise für die Lösung des Konfliktes festlegen. Hierzu stehen ihm verschiedene Möglichkeiten (Kompromiss, Konsensfindung oder Anweisung) zur Verfügung (Konflikthandhabung).

-

<u>Sechs vorbeugende Maßnahmen, um Konflikte einzudämmen oder zu verhindern</u>

- respektvolle Zusammenarbeit.

- offene und direkte Ansprache bei Differenzen.

- ausreichender Informationsstand für alle Beteiligten.

- Kritik wird nur konstruktiv geäußert.

- Kompromissbereitschaft bei unterschiedlichen Standpunkten.

- Standpunkte und Meinungen von anderen Teammitgliedern werden akzeptiert.

<u>Mobbing</u>

Eine besonders schwere Form eines Konfliktes wird Mobbing genannt.

4.2.4.4 Mediation

Unter einer Mediation wird die außergerichtliche Möglichkeit verstanden einen Konflikt zu lösen. Hierbei wird ein meist externer und unabhängiger Mediator eingesetzt, der versucht eine für beide Seiten akzeptable Lösung zu finden. Voraussetzung ist, dass der Mediator von beiden Seiten akzeptiert wird, sich mit den unterschiedlichen Ansatzpunkten wertneutral auseinandersetzt und Lösungen vorschlägt. Die vorgeschlagene Lösung muss von beiden Konfliktparteien akzeptiert werden.

4.2.4.5 Gruppenverhalten und deren Auswirkungen

<u>Spannungsfeld der Führungskraft</u>

Anforderungen des Unternehmens an eine Führungskraft:

- Verantwortungsbewusstsein, Durchsetzungsvermögen, Flexibilität und Stressresistenz

- Weiterentwicklung der Mitarbeiter durch permanente Schulungen

- Erreichen der qualitativen Unternehmensziele

Fachwirte Unternehmensführung

- Erreichen der quantitativen Unternehmensziele

- …

Anforderungen der Mitarbeiter an eine Führungskraft:

- leistungsgerechte Entlohnung

- Erhalt des Arbeitsplatzes

- menschlicher Umgang

- Förderung der beruflichen Fähigkeiten

- zielgerichtete Ausbildung

<u>Autorität</u>

Verliehene Autorität: Unter einer verliehenen Autorität versteht man die Autorität, die unmittelbar mit der Position der Führungskraft verbunden ist. Sie ist unabhängig von der Person.

Fachliche Autorität: Fachliche Autorität wird durch Leistung und entsprechendes fachliches Wissen aufgebaut und ist unmittelbar mit der Person verbunden.

Persönliche Autorität: Die persönliche Autorität hängt mit der Person direkt und deren Verhaltensweisen (Vorbildfunktion) zusammen. Sie wird durch Aura und Ausstrahlung mitbeeinflusst.

Die reine Amtsautorität muss durch die fachliche und persönliche Autorität (erworbene Autorität) ergänzt werden, um die führungsspezifischen Anforderungen einer Führungskraft zu erfüllen.

<u>Handlungskompetenz</u>

Unter der Handlungskompetenz werden folgende Kompetenzen gebündelt:

- **Methodenkompetenz**: geeignete Verfahren zur Informationsweitergabe in Schulungen oder Sitzungen, effiziente Entscheidungskompetenz

- **Persönlichkeitskompetenz**: Vorbildfunktion, persönliches Engagement

- **Fachkompetenz**: ausgebildetes Fachwissen

- **Sozialkompetenz**: sozialverantwortliches Handeln

4.2.5 Personalplanung

Unter einer quantitativen Personalplanung versteht man, dass dem Unternehmen die benötigte Anzahl an Mitarbeitern zum richtigen Zeitpunkt zur Verfügung gestellt wird.

Qualitative Personalplanung hat das Ziel Mitarbeiter mit der entsprechenden fachlichen Qualifikation auszustatten.

<u>Quantitative Personalplanungsverfahren</u>

- **Schätzmethode**: Die Schätzmethode basiert auf der Erfahrung von Führungskräften die benötigte Anzahl der Mitarbeiter, aufgrund von Erfahrungswerten, zu schätzen.

- **Kennzahlenmethode**: Die Kennzahlenmethode lehnt sich an die Schätzmethode an und errechnet den notwendigen Personalbedarf anhand von Kennzahlen aus der Vergangenheit, beispielsweise Umsatz pro Mitarbeiter. Somit ermittelt man für den zukünftigen Umsatz über diese Kennzahl den Bedarf an Mitarbeitern.

- **Extrapolation**: Bei der Extrapolation werden Werte aus der Vergangenheit für die Zukunft fortgeschrieben, d.h. Basis der Personalplanung sind die Zahlen aus der Vergangenheit.

- **Stellenplanmethode**

  - Ermittlung des Bruttopersonalbedarfs

    Momentan vorhandene Stellen

    + Anzahl der neu zu besetzenden Stellen

    <u>-Anzahl der weg fallenden Stellen</u>

    = Bruttopersonalbedarf

  - Ermittlung des fortgeschriebenen Personalbestands

    Ist-Personalbestand

    -feststehende Abgänge

    <u>+ feststehende Zugänge</u>

    = fortgeschriebener Personalbestand

  - Ermittlung des Nettopersonalbedarfs

    Bruttopersonalbedarf

    <u>-fortgeschriebener Personalbestand</u>

    = Nettopersonalbedarf

Fachwirte Unternehmensführung

<u>Qualitative Personalplanungsverfahren</u>

- Fortbildungsmaßnahmen

- Interne und externe Seminare

4.2.6 Personalbeschaffung

Interne Personalbeschaffung: Stellenanzeigen am schwarzen Brett, Versetzung von eigenem Personal in andere Abteilungen etc.

Externe Personalbeschaffung: Headhunter-Einsätze zur Rekrutierung von Führungskräften, Agentur für Arbeit, Stellenanzeigen in Zeitungen und Fachzeitschriften …

4.2.7 Personalanpassungsmaßnahmen

Bei Personalanpassungsmaßnahmen wird zwischen zeitweise wirksam und dauerhaft wirksam unterschieden.

Zeitweise wirksame Maßnahmen werden in der Regel dann angewandt, wenn kurzfristige Veränderungen der Nachfrage auftreten, die nur eine begrenzte Zeit anhalten. Diese können sowohl positive (zusätzliche, nicht nachhaltige Nachfragesteigerungen in Form von Sonderaufträgen), als auch negative Einflüsse auf die Abläufe im Unternehmen beinhalten (kurzfristiges Abschwächen der Konjunktur und daraus resultierender Nachfragerückgang).

Beispiele für zeitweise wirksame Maßnahmen:

- Einsatz von Leiharbeitern

- Nichtverlängerung von auslaufenden Verträgen

- Aufbau von Minusstunden

- Kurzarbeit

Dauerhaft wirksame Maßnahmen haben ihre Berechtigung, wenn Situationen eintreten, die nicht von kurzer Dauer sind, sondern langfristigen Charakter haben. Diese können sowohl positive (zusätzliche, nachhaltige Nachfragesteigerungen in Form von neuen, vertraglich vereinbarten Aufträgen für mehrere Jahre), als auch negative Einflüsse auf die Abläufe im Unternehmen beinhalten (langfristige Abschwächen der Nachfrage, durch Wegfall eines Großkunden).

Beispiele für dauerhaft wirksame Maßnahmen:

betriebsbedingte Kündigung: Betriebsbedingte Kündigungen fallen an, wenn der Betrieb aufgrund wirtschaftlicher Probleme die Beschäftigung von Teilen der Belegschaft nicht mehr gewährleisten kann. Im Falle einer betriebsbedingten Kündigung wird in der Regel ein Sozialplan erstellt und die betroffenen Mitarbeiter haben nach §1aKSchG einen Anspruch auf eine Abfindung.

Unzulässigkeit einer betriebsbedingten Kündigung:

- Betriebsratsmitglieder

- Behinderte

- werdende Mütter

Aufhebungsvertrag: Aufhebungsverträge finden in der Regel ohne gerichtliche Verfügung statt. Sie werden aus Sicht des Arbeitgebers benutzt, um den Personalbestand zu reduzieren. Hierbei handelt es sich, im Gegensatz zu einer Kündigung, um eine beidseitige Willenserklärung. Einen Zwang einen Aufhebungsvertrag, der das Arbeitsverhältnis beendet, zu unterschreiben, besteht nicht.

verhaltensbedingte Kündigung: eine verhaltensbedingte Kündigung beruht auf einem starken Fehlverhalten des betroffenen Mitarbeiters und ist personenbezogen. Diese Art der Kündigung ist nur dann durchsetzbar, wenn dem Mitarbeiter schwerwiegende Verstöße nachgewiesen werden können.

befristeter Arbeitsvertrag: Ein befristetes Arbeitsverhältnis wird zwischen Unternehmen und Mitarbeiter für einen bestimmten Zeitraum geschlossen. Die Verlängerung des befristeten Arbeitsverhältnisses obliegt der Arbeitgeberseite, wird der Vertrag nicht verlängert, läuft er aus.

Gründe für Personalanpassungsmaßnahmen:

- konjunkturelle Veränderungen

- Firmenkauf oder Kooperation mit anderen Unternehmen

- Standortverlagerung in Billiglohnländer

- Insolvenz

Outplacement

Ein Outplacement ist eine Form der Unterstützung zur Neuorientierung von Führungskräften, die in der Regel betriebsbedingt das Unternehmen verlassen müssen. Hierbei helfen externe Berater der Führungskraft sich neu zu orientieren, beispielsweise durch die Erstellung einer professionellen Bewerbung. Outplacement wird in der Regel extern durchgeführt.

Transfergesellschaft

Werden von Personalanpassungen zahlreiche Mitarbeiter betroffen, besteht die Möglichkeit eine Transfergesellschaft zu gründen, in der die Mitarbeiter auf neue berufliche

Aufgaben vorbereitet werden. Der Mitarbeiter unterschreibt mit dem alten Unternehmen einen Aufhebungsvertrag und gleichzeitig einen befristeten Arbeitsvertrag (maximal 1 Jahr) mit der Transfergesellschaft. Der Mitarbeiter einer Transfergesellschaft gilt nicht als arbeitslos, was weiterhin Zahlungen in die Rentenversicherung sichert.

<u>Auffanggesellschaft</u>

Geht ein ganzes Unternehmen in Insolvenz, besteht die Möglichkeit eine Auffanggesellschaft zu gründen. Die Funktionsweise entspricht der einer Transfergesellschaft, nur das hier sämtliche Betriebsmittel sich in der Auffanggesellschaft wiederfinden und der Geschäftsbetrieb erhalten bleibt.

4.2.8 Entgeltformen

Bei einem Zeitlohn wird die Tätigkeit eines Mitarbeiters in bestimmte Gehaltsgruppen eingeteilt und das Entgelt ist monatlich gleich – unabhängig von der erbrachten Leistung. Der Zeitlohn ist anforderungsabhängig, d.h. der Zeitlohn bedingt eine nachgewiesene Qualifikation, bzw. Ausbildung, um eine bestimmte Tätigkeit ausüben zu können (Abschluss eines Jurastudiums vor Aufnahme der Rechtsanwaltstätigkeit oder abgeschlossenes Medizinstudium vor Annahme der Stelle des Arztes im Krankenhaus…). Beispiele für die Vergütung über den Zeitlohn sind: Kauffrau für Bürokommunikation oder der Industriemeister.

Der **Leistungslohn** ist leistungsabhängig und an eine konkrete Leistung gekoppelt. Je höher die Leistung, desto höher der Lohn. Beispiele für den Leistungslohn sind der Akkord- oder Prämienlohn.

Der **Prämienlohn** ist an das Erreichen eines vorgegebenen Ziels gekoppelt. Diese Ziele könnten beispielsweise die Reduzierung des Krankenstandes im Vergleich zum Vorjahr oder die Reduzierung des Ausschusses zum Vorjahr sein.

<u>Vorteile:</u> starker Leistungsanreiz; Festlegung der Prämienhöhe bei den Beurteilungs- oder Jahresgesprächen; transparente Handhabung für beide Seiten (Arbeitgeber- und Arbeitnehmerseite); hohe Motivation der Führungskraft

<u>Nachteile:</u> Gefahr der Überforderung der Führungskraft; Unstimmigkeiten, wenn die Prämienvereinbarung nicht nach der SMART-Regel getroffen wurde; veränderte Rahmenbedingungen beeinflussen die Prämienvereinbarung negativ

Beim **Akkordlohn** besteht ein unmittelbarer Zusammenhang zwischen der erbrachten Leistung und der daraus resultierenden Höhe des Lohnes. Innerhalb des Akkordlohnes wird zwischen Zeitakkord (Vorgabe einer Zeit für eine bestimmte Tätigkeit) und Geldakkord (Stundenlohn für eine bestimmte Leistung) unterschieden.

<u>Vorteile:</u> hohe Motivation beim Mitarbeiter; leistungsgerechte Entlohnung;

<u>Nachteile:</u> Gefahr der Überforderung des Mitarbeiters; sehr hohe körperliche Belastung;

<u>Betriebliche Sozialpolitik</u>

Unter einer betrieblichen Sozialpolitik versteht man Maßnahmen einer Unternehmenspolitik, um die Mitarbeiter sozial zu unterstützen und sich eventuell durch zusätzliche soziale Maßnahmen vom Wettbewerber abzuheben.

Für Unternehmen gibt es zahlreiche Gründe eigene soziale Konzepte zu entwickeln und dem Mitarbeiter anzubieten.

- Steigerung der Motivation der Mitarbeiter

- steigende Wertschätzung der Mitarbeiter gegenüber dem Unternehmen

- steigende Identifikation der Mitarbeiter gegenüber dem Unternehmen

- Abhebung vom Wettbewerb

Bereiche der betrieblichen Sozialpolitik sind:

- Gesundheitsvorsorge

- Altersvorsorge

- Kantine mit vergünstigtem Essen

- …

Zu den Leistungen der betrieblichen Sozialpolitik zählen:

- Gesetzliche Leistungen è z.B. gesetzliche Rentenversicherung, Krankenversicherung, Lohnfortzahlung im Krankheitsfall, Arbeitslosenversicherung, Pflegeversicherung…

- Tarifliche Leistungen (abhängig vom jeweiligen Tarifvertrag) è z.B. Urlaubsgeld, Weihnachtsgeld, Weiterbezahlung im Urlaub, vermögenswirksame Leistungen…

- Freiwillige Leistungen è

    - Indirekte freiwillige Leistungen (personenunabhängig): Betriebskindergarten, Betriebskantine, finanzielle Unterstützung der Mitarbeiter beim Mitgliedsbeitrag in einem Fitnessstudio…

    - Direkte freiwillige Leistungen (gebunden an die jeweilige Person): Fahrtkostenzuschuss, Gewährung eines Kredites mit besonderen Konditionen…

Das Cafeteria-Modell ermöglicht dem Mitarbeiter aus einer Vielzahl vom Unternehmen angebotener betrieblicher Leistungen sich diejenigen auszusuchen, die für ihn passend sind, ähnlich einem Buffet oder einer Essensauswahl in einer Cafeteria. Damit wird die Individualität der Maßnahmen für den Mitarbeiter gewahrt. So ist es für einen Single sinnvoller sich beispielsweise die vermögenswirksamen Leistungen auszusuchen, bevor er den Betriebskindergarten als soziale betriebliche Leistung zur Verfügung gestellt bekommt, der ihm nichts bringt. Eine Mutter kann sich hingegen für den Betriebskindergarten entscheiden, wenn sie dies möchte.

4.3 Personalentwicklung

4.3.1 Arten

<u>Immaterielles Kapital</u>

Das immaterielle Kapital setzt sich wie folgt zusammen:

Humankapital: explizites und implizites Wissen der Mitarbeiter

Beziehungskapital: Beziehungen (wirtschaftlich, informativ…) zu den Stakeholdern des Unternehmens (Kunden, Lieferanten, Behörden, Wettbewerbern…)

Strukturkapital: Wissen des Unternehmens in Form von Abläufen, Prozessen, Strukturen, Qualitätsrichtlinien…

<u>Personalentwicklung aus Sicht des Unternehmens</u>

- höhere fachliche Qualifikation der Mitarbeiter
- Weiterentwicklung der Persönlichkeit der Mitarbeiter
- Abheben vom Wettbewerb
- höhere Identifikation des Mitarbeiters mit dem Unternehmen
- Teamentwicklung stärken
- Führungskräfte sollen lernen Verantwortung zu übernehmen
- Entlastung der Geschäftsleitung
- …

<u>Personalentwicklung aus Sicht des Mitarbeiters</u>

- angestrebte Laufbahnplanung (Wo geht der Weg im Unternehmen für den Mitarbeiter hin?)
- fachliche Weiterbildung

- Übernahme von Führungsverantwortung

- höhere Entgelte

- Möglichkeit Entscheidungen zu treffen und damit Abläufe beeinflussen zu können

- …

Wechselwirkung von Personal- und Organisationsentwicklung

Organisations- und Personalentwicklung bedingen sich gegenseitig. Man spricht von einer sogenannten Wechselwirkung, d.h. eine Organisationsentwicklung ist ohne eine Personalentwicklung nicht möglich und umgekehrt.

Nur wenn das Personal dementsprechend ausgebildet ist, lässt sich eine Organisation erfolgreich verändern. Ebenso benötigt eine erfolgreiche Personalentwicklung entsprechende Strukturen innerhalb der Organisation, beispielsweise die Möglichkeit Fehler machen zu dürfen, um daraus lernen zu können.

Laufbahnplanung

Eine Laufbahnplanung beinhaltet die Schritte, inklusive der zu erreichenden Elemente, die einen Mitarbeiter auf dem Weg zu einer Führungsposition begleiten. Hier werden die einzelnen Entwicklungsstufen dargestellt. Beispiel: Nach der Ausbildung zum Fachwirt wird für Frau Meier zukünftig die Stelle der Betriebsleiterin anvisiert. Die entsprechende Laufbahnplanung könnte wie folgt aussehen:

- Mitarbeiterin in der Abteilung X für ein Jahr.

- Stellvertretende Abteilungsleiterin im Bereich X für 6 Monate

- Abteilungsleiterin für den Bereich X für 2 Jahre.

- Stellvertretende Betriebsleiterin für 1 Jahr.

- Betriebsleiterin.

Nachfolgeplanung

Bei der Nachfolgeplanung wird der Mitarbeiter auf die Übernahme einer entsprechenden Stelle, als Nachfolger, eingearbeitet. Die Einarbeitung erfolgt in der Regel durch den jetzigen Stelleninhaber. Die Nachfolgeplanung ist meist kürzer, als die Laufbahnplanung.

4.3.1.1 Ausbildung

<u>Pflichten des Ausbildungsbetriebs:</u>

- Ausbildungspflicht: Vermittlung aller notwendigen Fertigkeiten und Kenntnisse für den entsprechenden Beruf

- Jugendarbeitsschutzgesetz: Einhaltung der Regelungen im Jugendarbeitsschutzgesetz

- Fürsorgepflicht: Unterweisungen in allen Sicherheitsfragen

- Aufsichtspflicht: Überprüfung, ob der Auszubildende sich an alle Sicherheitsvorschriften hält

- Materialpflicht: Bereitstellung aller notwendigen Materialien

- Kontrollpflicht: Überprüfung des Berichtheftes und des Wissensstandes des Auszubildenden

- Zeugnispflicht: Erstellung eines Zeugnisses am Ende der Ausbildung

- …

<u>Pflichten des Auszubildenden:</u>

- Lernpflicht: mit allen Kräften der Erlernung des Berufs widmen

- Einhaltung der Betriebsordnung: Einhalten der in der Betriebsordnung niedergeschriebenen Regelungen

- Pflicht zur Verschwiegenheit: Betriebsgeheimnisse dürfen nicht verbreitet werden

- Sorgfaltspflicht: sorgfältige Ausführung der Aufgaben, bspw. Berichtsheft

- Weisungen Folge leisten: Anweisungen der Vorgesetzten, disziplinarisch oder fachlich, sind Folge zu leisten

- Pflicht zur Krankheitsmeldung: ärztliche Bescheinigung bei Krankheit vorlegen

- Bewahrungspflicht: sorgfältiger Umgang mit den Gegenständen des Betriebes

- Schulpflicht: Teilnahme an den Unterrichtseinheiten der Berufsschule

- …

Voraussetzungen für einen Ausbildungsbetrieb

- Vorhandensein eines fachlich geeigneten Ausbilders mit AdA-Schein

- räumliche und technische Ausstattung im Unternehmen müssen vorhanden sein

- …

Eine Beurteilung, ob die Voraussetzungen erfüllt sind, trägt die verantwortliche Stelle, beispielsweise die zuständige IHK.

Duales Ausbildungssystem

Das duale Ausbildungssystem sieht eine Verbindung zwischen Theorie und Praxis vor. Die Auszubildenden haben eine theoretische Blockausbildung für mehrere Wochen und können anschließend das Gelernte im Betrieb umsetzen. Diese Kombination aus Theorie und Praxis verleiht der Ausbildung einen realitätsnahen Charakter.

4.3.1.2 Fortbildung

In der Fortbildung wird zwischen „Beruflicher Fortbildung", „Umschulung" und „Fortbildungsbedarf" unterschieden.

Berufliche Fortbildung: Liegt eine erforderliche Berufserfahrung zugrunde, kann der Mitarbeiter eine berufliche Fortbildung absolvieren. In der Regel wird diese ausgeübt, um den beruflichen Aufstieg vorzubereiten oder zu manifestieren. Beispiele hierfür ist die Fortbildung zum „Geprüften Wirtschaftsfachwirt IHK" oder zum „Geprüften Industriemeister IHK".

Berufliche Umschulung: Kann der Mitarbeiter seinen bisherigen Beruf nicht mehr ausüben, sei es, dass er es gesundheitlich nicht mehr kann oder der bisher ausgeübte Beruf findet auf dem Arbeitsmarkt keine Verwendung mehr, besteht die Möglichkeit der beruflichen Umschulung, die in der Regel auch vom Staat gefördert wird.

Fortbildungsbedarf: Der Fortbildungsbedarf innerhalb der Gesellschaft ist groß (lebenslanges Lernen) und wird in zwei Bereiche unterteilt, den beruflichen und den individuellen Fortbildungsbedarf.

Der berufliche Fortbildungsbedarf kann interne (Qualitätsdefizite, hoher Ausschuss etc.) oder externe Gründe (technischer Fortschritt, Konkurrenzdruck etc.) haben.

Der individuelle Fortbildungsbedarf dient dazu das Wissen jedes einzelnen Mitarbeiters individuell zu erweitern. Abhängig von der eigenen Karriere-Planung werden unterschiedliche Maßnahmen des individuellen Fortbildungsbedarfs in Anspruch genommen.

<u>Berufliche Fortbildung</u>

Die berufliche Fortbildung unterteilt sich in:

- Aufstiegsfortbildung: Kommen in einem Unternehmen höhere Aufgaben auf den Mitarbeiter zu, ist dies meistens mit einer Aufstiegsfortbildung verbunden, so kann es sein, dass der Erwerb weiteren Wissens eine entscheidende Voraussetzung zur Übernahme der neuen Stelle ist.

- Erhaltungsfortbildung: Erhaltungsfortbildung liegt dann vor, wenn beispielsweise der Mitarbeiter nach der Elternzeit seine Tätigkeit wiederaufnimmt und sich damit wieder auf den neusten Stand bringt, bzw. seine Kenntnisse wiederauffrischt.

- Anpassungsfortbildung: Von einer Anpassungsfortbildung spricht man, wenn die Anforderung an die Tätigkeit des Mitarbeiters sich beispielsweise durch den technischen Fortschritt verändert. Neue Anforderungen und Herausforderungen am Arbeitsplatz bedingen eine Anpassungsfortbildung des Mitarbeiters.

- Erweiterungsfortbildung: Bei einer Erweiterungsfortbildung besteht die Möglichkeit der Weiterbildung, ohne dass ein sofortiger beruflicher Aufstieg in Aussicht steht.

<u>Methoden der Personalentwicklung</u>

Training on the Job

Ausbildung am Arbeitsplatz durch "Learning by doing". Beispiel: Der Vorgesetzte zeigt dem Mitarbeiter das Erstellen eines Retourescheins und der Mitarbeiter füllt danach selbständig diesen Schein aus.

Training out of the Job

Langjährige Mitarbeiter, die in den Ruhestand gehen, werden hier durch gezielte Maßnahmen auf die neue Situation vorbereitet. Beispiel: Teilnahme an dem Seminar „Keine Langeweile im Ruhestand!"

Training into the Job

Berufsvorbereitende Maßnahmen oder Schritte, die zu einer neuen Tätigkeit im Unternehmen hinführen. Beispiel: Berufsausbildung, Traineeprogramm für Abiturienten.

Training along the job

Maßnahmen zur Karriereentwicklung bzw. zur Übernahme einer höheren Stelle, die meistens mit Entscheidungskompetenz versehen ist. Beispiel: Eine angehende Führungskraft absolviert einige Personalführungsseminare.

Training off the Job

Fort- und Weiterbildung außerhalb des Arbeitsplatzes. Dies könnte eine berufliche Weiterbildung bei einem externen Bildungsträger sein oder die Teilnahme an Seminaren und Vorträgen außerhalb der Arbeit beinhalten. Beispiel: Ausbildung zum „Geprüften Wirtschaftsfachwirt IHK".

4.3.1.3 Innerbetriebliche Förderung

Die Arbeitsstrukturierung hat unter anderem drei Schwerpunkte, „Job-Rotation", „Job-Enlargement" und „Job-Enrichment".

Job-Rotation: Mitarbeiter in einem Team, mit gleicher Gesamtaufgabe, wechseln sich bei den Aufgaben ab, um der Monotonie der immer gleichen Tätigkeit zu entfliehen.

Job-Enlargement: Quantitative Aufgabenerweiterung an einem anderen Arbeitsplatz. Mitarbeiter, die bisher nur in der Fertigung „A" tätig waren sind nun auch in der Fertigung „B" tätig.

Job-Enrichment: Qualitative Aufgabenerweiterung! Der Mitarbeiter kann im Rahmen der vorgegebenen Regeln nun selbst Entscheidungen treffen, bzw. beeinflussen, beispielsweise durch die eigenständige Planung des Personaleinsatzes, natürlich in Abstimmung mit seinen Kollegen.

Individuelle Förderung

Das **Coaching** eröffnet dem Mitarbeiter, innerhalb eines individuellen Trainings, die Möglichkeit Abläufe und Verhaltensweisen in Verbindung mit seiner Aufgabe im Unternehmen zu optimieren. Der meist externe Coach vereinbart mit der Führungskraft oder dem Spezialisten zahlreiche Termine, in denen Themen- und Aufgabengebiete abgearbeitet werden, die die Führungskraft alleine und ohne Hilfe zunächst nicht bearbeiten, bzw. lösen kann.

Oft deckt der Coach Bereiche ab, die in keiner Weiterbildung explizit angesprochen werden oder bei denen intern keine Unterstützung angeboten werden kann.

Ein Coach sollte über folgende Eigenschaften verfügen:

- Vertrauen ausstrahlen

- auf die Führungskraft „Eingehen" können

- hohe Fachkompetenz

- hohe Erfahrung in dem jeweiligen Bereich besitzen

Fachwirte Unternehmensführung

- exzellente fachliche Kompetenz
- ausgeprägte Menschenkenntnis

Coaching wird häufig im Vertrieb eingesetzt.

Mentoring hingegen sind unternehmensinterne Fördermöglichkeiten, bei denen dem unerfahrenen Mitarbeiter, dem sogenannten Mentee, ein erfahrener Mentor zur Seite gestellt wird. Letzterer vermittelt sein implizites Wissen an den Mentee und ist für viele Fragen und Problemstellungen dessen Ansprechpartner.

Vor allem unterstützt der Mentor seinen „Schützling", den Mentee, in der Phase der Einarbeitung.

4.3.2 Potenzialanalyse

Die Potentialanalyse untersucht Fähigkeiten der Mitarbeiter in fachlicher, methodischer, persönlicher und sozialer Hinsicht. Gleichzeitig wird eine Aussage darüber getroffen, welche Fähigkeiten im Mitarbeiter „schlummern", die durch gezielte Aus- und Weiterbildung geweckt werden könnten. Die Ergebnisse der Potenzialanalyse werden dann mit dem Anforderungsprofil der jeweiligen Stelle verglichen, um eine Aussage treffen zu können, was nötig ist, damit der Mitarbeiter die Stelle bestmöglich ausfüllen kann.

Die Potenzialanalyse ist auf der Suche nach verborgenen Fähigkeiten der Mitarbeiter, um diese für das Unternehmen zu nutzen und soll eine Unter- oder Überforderung der jeweiligen Personen vermeiden.

4.3.2.1 Assessment-Center

In einem Assessmentcenter (AC) werden Kandidaten in unterschiedlichen Szenarien getestet, ob sie für die zu besetzende Stelle geeignet sind. Die zu absolvierenden Übungen werden von geschulten Beobachtern überwacht und die einzelnen Teilnehmer von diesen beurteilt.

Die verschiedenen Aufgaben werden in Rollenspielen, Gruppenarbeiten, Postkorbübungen, Konzentrations- und Leistungstests etc. durchgeführt.

Organisatorische Voraussetzungen für die Durchführung eines Assessment-Centers sind:

- geeignete Räumlichkeiten
- geschulte Beobachter
- bewertbare Übungen
- einheitliche Beurteilungsbögen

4.3.2.2 Beurteilungen

<u>Beurteilungskriterien</u>

Beurteilungskriterien: Leistungsmerkmale und Persönlichkeitsmerkmale, d.h. es erfolgt die Beurteilung anhand der Leistung und des Verhaltens des Mitarbeiters.

<u>Phasen der Beurteilung</u>

- Beobachtung: Beobachtung des Arbeitsverhaltens der Mitarbeiter zu verschiedenen Zeiten, die Beobachtung sollte unauffällig erfolgen.

- Beschreibung: Die Beobachtungen werden schriftlich festgehalten.

- Bewertung: Die Bewertung der beobachteten Leistung erfolgt in einem für alle Mitarbeiter der Abteilung gleichen Beurteilungsschema, um Vergleiche zwischen den Mitarbeitern zu ermöglichen.

- Besprechung: Durchführung eines Beurteilungsgesprächs.

<u>Beurteilungsfehler</u>

- Halo-Effekt: ein positives Ereignis dominiert alle anderen Eindrücke

- Negativ-Effekt: ein negatives Ereignis dominiert alle anderen Eindrücke

- Sympathie-Effekt: je sympathischer ein Mitarbeiter der Führungskraft ist, desto größer ist die Wahrscheinlichkeit einer besseren Beurteilung (umgekehrt bei Antipathie)

- Nikolaus-Effekt: Leistungen aus der jüngeren Vergangenheit überlagern Leistungen aus der älteren Vergangenheit (kommt häufig vor, wenn Leistungen nicht kontinuierlich erfasst werden)

- Tendenz zur Milde: Führungskraft versucht möglichst Milde zu beurteilen, um eventuellen Konflikten aus dem Weg zu gehen

- …

<u>Voraussetzungen zur Durchführung eines erfolgreichen Beurteilungsgesprächs</u>

- genügend Zeit einplanen

- Mitarbeiter rechtzeitig einladen (3-4 Tage vorher)

- geeigneten Raum auswählen

- das Gespräch findet unter vier Augen statt

- sehr gut auf das Gespräch vorbereiten

<u>Ablauf eines Beurteilungsgesprächs</u>

1. Begrüßung.

2. Zuerst über belanglose Dinge sprechen, damit der Mitarbeiter die Nervosität ablegt, d.h. für eine „lockere Atmosphäre" sorgen.

3. Positiven Einstieg schaffen, indem zunächst die guten Leistungen besprochen werden.

4. Meinung des Mitarbeiters hören (Stellungnahme).

5. Nun über die Dinge sprechen, die nicht gut gelaufen sind.

6. Meinung des Mitarbeiters hören (Stellungnahme).

7. Gemeinsam Wege aufzeigen, welche die Leistung des Mitarbeiters verbessern.

8. Positiven Abschluss suchen.

9. Termin für ein Feedbackgespräch vereinbaren.

10. Verabschiedung.

4.3.3 Kosten- und Nutzenanalyse der Personalentwicklung

Die Kosten- und Nutzenanalyse der Personalentwicklung orientiert sich vor der Beurteilung an dem Personalentwicklungsbedarf (kostenorientierte Unternehmen, forschungsorientierte Unternehmen...) und wird über verschiedene Möglichkeiten analysiert. Hierzu zählen:

- Personalstatistik (EDV-gesteuertes Informationssystem)
- Personalcontrolling (Planung, Information, Steuerung, Kontrolle)

Aufgaben mit Lösungen!

4.1 Betriebsorganisation

4.1.1 Unternehmensleitbild, Unternehmensphilosophie, Unternehmenskultur und Corporate Identity

Aufgabe 1   *Unternehmenskultur - Unternehmensphilosophie*

Willy T, Sicherheitsbeauftragter in ihrem Unternehmen, hat bei der letzten Sitzung die Begriffe „Unternehmenskultur" und „Unternehmensphilosophie" aufgeschnappt. In der Mittagspause kommt er zu Ihnen und bittet Sie ihm zu erklären, was hinter diesen beiden Begriffen steckt.

Aufgabe 2   *Unternehmensleitbild*

Die Mitarbeiter Heiko T. wird aufgefordert an der Entwicklung eines neuen Unternehmensleitbildes mitzuwirken. Aber so richtig verstanden, um was es dabei geht, hat er nicht.

Erklären Sie ihm was ein Unternehmensleitbild ist und welche Inhalte es enthalten sollte.

Aufgabe 3   *Unternehmensleitbild*

Klaus N., Produktionsleiter der „Türklinken OHG", hält von der These: „Mitarbeiter an der Entwicklung eines Unternehmensleitbildes zu beteiligen" sehr wenig.

Überzeugen Sie ihn, warum es wichtig ist Unternehmensleitbilder gemeinsam mit den Mitarbeitern zu entwickeln.

Aufgabe 4   *Corporate Identity*

Definieren Sie, was unter dem Begriff „Corporate Identity" zu verstehen ist und gehen Sie auf die drei Säulen dieser Corporate Identity (Corporate Design, Corporate Behaviour und Corporate Communication) ein.

Nennen Sie für die drei Corporate-Formen je ein Beispiel und nennen Sie drei weitere Elemente der Corporate Identity.

4.1.2 Strategische und operative Planung

Aufgabe 5   *Operationalisierung von Zielen*

Zum besseren Verständnis und zur klaren Abgrenzung gegenüber anderen Zielen ist es notwendig Ziele so zu formulieren, dass sie von allen Beteiligten verstanden werden. Dies kann mit der Anwendung der SMART-Regel erreicht werden.

Erklären Sie diese Regel und geben Sie ein operatives Wachstumsziel als Beispiel an.

Aufgabe 6   *Zielbeziehungen*

Nennen

Erläutern Sie die unten aufgeführten unterschiedlichen Zielbeziehungen und geben Sie je ein Beispiel an:

- Zielkomplementarität
- Zielantinomie
- Zielindifferenz
- Zielkonkurrenz

Aufgabe 7   *Zeithorizonte bei Zielen*

Grenzen Sie die drei Zeithorizonte strategisch, taktisch und operativ voneinander ab und geben Sie je ein Beispiel an.

Aufgabe 8   *Zielarten*

Innerhalb der unternehmerischen Zielsetzung werden zwei Zielarten unterschieden - die quantitativen und die qualitativen Ziele.

Grenzen Sie beide Zielarten voneinander ab und geben Sie je ein Beispiel an.

Aufgabe 9   *SWOT-Analyse*

Ein strategisches Controlling-Instrument ist die SWOT-Analyse. Beschreiben Sie das Wesen der SWOT-Analyse und gehen Sie dabei auch auf den Zeitbezug ein. Innerhalb der SWOT-Analyse werden häufig die internen Schwächen mit den externen Risiken verwechselt.

Verdeutlichen Sie dies an einem Beispiel und bieten Sie zur Lösung des Problems eine Hilfestellung an.

Aufgabe 10   *Produktlebenszyklus*

Der Produktlebenszyklus ist ein strategisches Instrument zur Unternehmensführung. Stellen Sie ihn grafisch dar und beschreiben Sie die einzelnen Phasen des Zyklus.

Gehen Sie dabei auf den Anfang und das Ende jeder einzelnen Phase ein und formulieren Sie die jeweilige Normstrategie für die unterschiedlichen Phasen.

Aufgabe 11   *Portfolio-Matrix*

Die Portfolio-Analyse stellt, ebenso wie der Produktlebenszyklus, ein strategisches Instrument zur Unternehmensführung dar.

Zeichnen Sie die Portfolio-Matrix und beschreiben Sie die einzelnen strategischen Geschäftsfelder.

Gehen Sie dabei auf den relativen Marktanteil & das Marktwachstum ein und formulieren Sie die jeweilige Normstrategie der unterschiedlichen strategischen Geschäftsfelder.

Aufgabe 12 *Benchmark*

Eine der beliebtesten Methoden sich mit dem Wettbewerb zu messen ist das „Benchmark". Erklären Sie kurz diesen Begriff und nennen Sie die fünf Phasen zur Einführung des Benchmarks.

Gehen Sie hierbei auch auf den Unterschied zwischen externem und internem Benchmark ein.

Aufgabe 13 *Operative Planung*

Planungen werden in der Regel auf zwei unterschiedliche Arten durchgeführt. Entweder auf induktive oder auf deduktive Weise.

Erklären Sie kurz wie sich diese beiden Planungsansätze unterscheiden.

Aufgabe 14 *Planungsmethoden*

Ihre Kommilitonin Magdalena B. arbeitet gerade das Kapitel „Operative Planung" durch. Sie stößt auf drei unterschiedliche Planungsmethoden, die sie immer durcheinanderwirft.

Helfen Sie ihr und beschreiben Sie kurz diese drei Methoden.

Aufgabe 15 *Integrierte Managementsysteme*

Das integrierte Managementsystem besteht aus drei Säulen.

Stellen Sie diese drei Säulen vor und gehen Sie dabei auf die wesentlichen Inhalte und Normen dieser Bereiche ein.

Aufgabe 16 *Integrierte Managementsysteme*

Helmut S. soll in seinem Betrieb die Vorbereitungen für eine anstehende Zertifizierung treffen. Da er geringe Kenntnisse über die Zertifizierung besitzt, wendet er sich an Sie.

Stellen Sie in wenigen Schritten den Prozess der Zertifizierung dar und erklären Sie in dem Zusammenhang, was unter einem Audit zu verstehen ist.

4.1.3 Aufbauorganisation

Aufgabe 17   *Organisationsstruktur*

Innerhalb des strukturellen Aufbaus eines Unternehmens wird zwischen Aufbau- und Ablauforganisation unterschieden. Stellen Sie anhand dreier Merkmale den Unterschied dar.

Gehen Sie bei der Beschreibung der Aufbauorganisation auch auf die Begriffe „Stelle" und „Instanz" ein.

Aufgabe 18   *Organisationsstruktur*

Die Aufbauorganisation stellt die Hierarchie eines Unternehmens dar. Zur Bildung dieser Hierarchie wird auf die „Aufgabenanalyse" und die „Aufgabensynthese" zurückgegriffen. Grenzen Sie beide Begriffe voneinander ab und erklären Sie, wie Hierarchien entstehen.

Führen Sie weiterhin auf, nach welchen Kriterien eine Aufgabenanalyse durchgeführt werden kann. Stellen Sie ihre Überlegungen anhand eines Beispiels dar.

Aufgabe 19   *Center*

Je nach Grad der Ergebnisverantwortung werden Unternehmen in verschiedene Center eingeteilt.

Stellen Sie anhand der Kostenvorgabe, des Gewinns und des Kapitals die drei klassischen Center gegenüber.

Aufgabe 20   *Organisationsformen*

Stellen Sie ein Einliniensystem mit den Linien Vertrieb, Einkauf, Produktion und Logistik grafisch auf und nennen Sie zwei Vor- und Nachteile dieses Systems.

Aufgabe 21   *Organisationsformen*

Stellen Sie das Mehrliniensystem anhand der Linien Einkauf, Vertrieb und Logistik grafisch dar und schildern Sie die Problematik bezüglich fachlichem und disziplinarischem Vorgesetzten.

Aufgabe 22   *Organisationsformen*

Stellen Sie eine Spartenorganisation und eine Matrixorganisation grafisch gegenüber und berücksichtigen Sie in den Linien den Vertrieb, den Einkauf, die Logistik und die Produktion in der Matrixorganisation und die Linien Einkauf, Logistik und Vertrieb in der Spartenorganisation.

Gehen Sie weiter auf je zwei Vor- und Nachteile der beiden Organisationsformen ein. Verwenden Sie sowohl bei der Sparte, als auch bei der Matrix die Bereiche „Inland" und „Ausland".

Aufgabe 23   *Organisationsformen*

Stellen Sie ein Stabliniensystem mit Controlling und Rechtsabteilung als Stäbe und den Linien Einkauf, Logistik, Vertrieb und Produktion dar.

Nennen Sie je zwei Vor- und Nachteile dieser Organisationsform. Beschreiben Sie weiterhin welche Dissonanzen zwischen Stäben und Linien auftreten können. Nennen Sie zwei mögliche Unstimmigkeiten und beschreiben Sie zwei Maßnahmen um diese Dissonanzen zu lösen.

Aufgabe 24   *Organisationsformen*

Hinz und Kuntz bereiten sich auf die Prüfung zum Fachwirt vor. Hinz informiert sich gerade über die einzelnen Organisationsformen und hat bzgl. der Spartenorganisation folgende Fragen an Kuntz:

a)   Was ist eine Spartenorganisation?

b)   Welche Gründe können vorliegen, um eine Spartenorganisation als Organisationsform zu wählen?

c)   Was versteht man unter dem Begriff der „Divisionalisierung"?

Aufgabe 25   *Organisationsformen*

Beschreiben

Entscheiden Sie, um welche Organisationsform es sich handelt. Bei mehreren Lösungen reicht eine richtige Antwort.

- Mitarbeiter werden von verschiedenen Spezialisten betreut und ein hoher Abstimmungsbedarf ist notwendig. Die Fachvorgesetzten sind nicht disziplinarischer Vorgesetzter.

- Die Rechts-Abteilung bereitet Arbeitsverträge und Kündigungen vor, darf sie aber nicht unterschreiben.

- Ein Projekt wird im Unternehmen mit weltweiten Aktivitäten abgearbeitet. Es handelt sich um eine Projektorganisation.

- In einem kleinen Betrieb gibt der Chef die Anweisungen. Jeder Mitarbeiter hat nur genau einen Vorgesetzten. Es existiert ein langer Dienstweg und bei einer großen Anzahl von Mitarbeitern ist das System eher ungeeignet.

4.1.4 Ablauforganisation

Aufgabe 26   *Netzplantechnik*

Eine weit verbreitete Form um Abläufe darzustellen, ist die Netzplantechnik.

Erklären Sie, was unter dieser Technik zu verstehen ist und beschreiben Sie zwei Vorteile und zwei Nachteile. Gehen Sie in ihrer Erklärung auch auf den „Kritischen Weg" ein.

4.1.5 Analysemethoden

Aufgabe 27   *Workflow - Wertanalyse*

Grenzen Sie die beiden Begriffe „Workflow" und „Wertanalyse" voneinander ab.

Aufgabe 28   *ABC-Analyse*

In der „ABC-KG" werden Seminare zum Thema „Arbeitsoptimierung in der Logistik" angeboten. Die Unternehmensleitung weist Ihnen die Aufgabe zu diesen Seminaren zu leiten. Als Schwerpunkte der Seminarinhalte sollen Sie die „ABC-Analyse" vermitteln.

Erklären Sie, was unter einer „ABC-Analyse" zu verstehen ist.

Aufgabe 29   *ABC-Analyse*

Erläutern

Führen Sie eine ABC-Analyse durch und nehmen Sie die Klassifizierung wie folgt vor:

A-Artikel bis 70%

B-Artikel von 70 % - 90%

C-Artikel von 90% - 100%

Artikel	Menge	Preis	Wert in €	%-An-teil	Rang	Arti-kel	% ku-mu-liert	A,B,C-Artikel
R	7.000	2,56 €			1			
S	6.000	1,88 €			2			
T	5.000	3,27 €			3			
U	4.000	5,68 €			4			
V	3.000	8,24 €			5			
W	2.000	4,96 €			6			
X	1.000	7,24 €			7			
Summe				100%			100%	

Aufgabe 30   *Ishikawa*

In der „Blau & Gelb KG" häufen sich die Probleme in der Produktion. Der Ausschuss steigt und die Mitarbeiter werden unzufrieden, da sie verschiedene Arbeitsschritte immer öfter wiederholen müssen. Sie werden beauftragt sich der Problematik anzunehmen und denken darüber nach zunächst eine Problemdiagnosetechnik anzuwenden, um die Ursachen für die hohe Fehlerquote zu finden. Hierbei fällt Ihnen sofort das „Ishikawa-Diagramm" ein. Beschreiben Sie diese Technik.

Aufgabe 31   *Balanced Scorecard*

Die Balanced Scorecard gilt als eine Weiterentwicklung eines Kennzahlen-Systems und wird auch als Controlling-Instrument eingesetzt. Beschreiben Sie die „Ausgewogene Punktekarte" (Balanced Scorecard) und erklären Sie, wie sie angewandt wird.

4.2 Personalführung

4.2.1 Zusammenhang zwischen Unternehmenszielen, Führungsleitbild und Personalpolitik

Aufgabe 32   *Ethik und Moral*

In der Unternehmenskultur werden Werte und Normen beschrieben, die für das gesamte Unternehmen ihre Gültigkeit besitzen. Innerhalb dieses Verhaltenskodex werden moralische und ethische Leitlinien erfasst.

Grenzen Sie Moral und Ethik voneinander ab.

Aufgabe 33   *Personalmanagement*

Zur Umsetzung eines effizienten Personalmanagements stehen dem Unternehmen mehrere Möglichkeiten zur Verfügung.

Erklären Sie vier mögliche Ansätze ein funktionierendes Personalmanagement in Unternehmen umzusetzen.

Aufgabe 34   *Stellenbeschreibung*

Ihre Kollege Mandy S. verwechselt immer wieder eine Stellenbeschreibung und eine Stellenanzeige.

Erklären Sie ihrer Kollegin, was unter einer Stellenbeschreibung zu verstehen ist und nennen Sie fünf Inhalte einer Stellenbeschreibung.

4.2.2 Arten von Führung

Aufgabe 35   *Führungstechniken*

Bei den Arten der Führung werden Führungsstile und Führungstechniken unterschieden.

Beschreiben Sie vier Führungstechniken und grenzen Sie diese voneinander ab.

Aufgabe 36   *Bedürfnispyramide*

Beschreiben Sie in groben Zügen die Bedürfnispyramide nach Maslow und grenzen Sie hinsichtlich der Motivation intrinsische und extrinsische Motivationsgründe voneinander ab.

Aufgabe 37   *Management by Objectives – Management by Delegation*

Beschreiben Sie je zwei Vor- und Nachteile der beiden Führungstechniken „Management by Objectives" und „Management by Delegation".

Aufgabe 38   *Pareto- und Eisenhower-Prinzip*

Sie als Assistent der Geschäftsleitung sollen ihrem Chef unter die Arme greifen und eine Reihe von Seminaren vorbereiten und auch halten. Als Schwerpunkte der Seminarinhalte sollen Sie das „Eisenhower-Prinzip" und das „Pareto-Prinzip" vermitteln.

Erklären Sie, was unter den einzelnen Instrumenten zu verstehen ist.

4.2.3 Führungsstile

Aufgabe 39   *Führungsstile*

Innerhalb der Führungsstile wird zwischen drei Arten unterschieden. Es existieren der eindimensionale, der zweidimensionale und der dreidimensionale Führungsstil.

Geben Sie für jeden dieser Führungsstile ein Beispiel an.

Aufgabe 40   *Führungsstile*

Definieren Sie die eindimensionalen Führungsstile und grenzen Sie diese voneinander ab.

Aufgabe 41   *Führungsstile*

Die Weiterentwicklung der Führungsstile führt zwangsläufig zu Erkenntnissen und damit auch zu neuem Führungsverhalten. Unterscheiden Sie den zweidimensionalen und den dreidimensionalen Führungsstil voneinander.

Aufgabe 42   *Führungsstile*

Skizzieren Sie anhand der unterschiedlichen Führungsstile die Reaktion auf einen Fehler des Mitarbeiters. Folgende Führungsstile sind hierbei zu analysieren:

- autoritärer Führungsstil
- Laissez-faire Führungsstil
- 1.9-Führungsstil
- situativer Führungsstil

4.2.4 Führen von Gruppen

Aufgabe 43   *Führen von Gruppen*

Das Führen von Gruppen erweist sich für viele Führungskräfte als eine große Herausforderung innerhalb des eigenen Führungsverhaltens. In diesem Zusammenhang tauchen immer wieder die Begriffe „Gruppendynamik" und „Gruppenkohäsion" auf. Grenzen Sie beide Begriffe voneinander ab.

Aufgabe 44 *Phasen der Teamentwicklung*

In Bereichen oder Abteilungen, in denen Gruppen neu gebildet werden, um daraus ein Team zu entwickeln, durchlaufen diese Gruppen unterschiedliche Phasen der Teamentwicklung.

Charakterisieren Sie die einzelnen Phasen des Teamentwicklungsprozesses.

Aufgabe 45   *Mitarbeitertypen*

Im Bereich der Teamentwicklung arbeiten unterschiedliche Charaktere und Typen zusammen. Hierzu zählen: Offene Gegner, Befürworter, Neider und Emigranten.

Was sind das für Typen? Erläutern Sie kurz deren Eigenschaften.

Aufgabe 46   *Konfliktmanagement*

Ein wesentlicher und unausweichlicher Bestandteil des Führungsverhaltens von Führungskräften ist der Umgang mit Konflikten.

 a) Definieren Sie, was unter einem Konflikt zu verstehen ist.

 b) Nennen Sie vier Gründe, wie Konflikte entstehen können.

 c) Beschreiben Sie drei Arten von Konflikten.

 d) Führen Sie drei Konsequenzen auf, wenn Konflikte nicht gelöst werden.

 e) Schildern Sie den Ablauf eines Konfliktes.

 f) Nennen Sie fünf vorbeugende Maßnahmen, um Konflikte einzudämmen oder zu verhindern.

Aufgabe 47   *Mediation*

Nicht alle Konflikte und Kompetenzstreitigkeiten werden gerichtlich geklärt. Eine Alternative ist eine Mediation.

Erklären Sie, was unter diesem Begriff zu verstehen ist.

Aufgabe 48   *Spannungsfeld der Führungskraft*

Führungskräfte müssen meistens zwei „Herren dienen". Einerseits sollen Sie die Unternehmensinteressen vertreten, andererseits die Belange der Mitarbeiter wahren.

Verdeutlichen Sie in diesem Spannungsfeld die unterschiedlichen Ansprüche an eine Führungskraft.

Aufgabe 49   *Autorität und Kompetenz*

Neben Entscheidungsfähigkeit, Durchsetzungsvermögen und Verantwortungsbewusstsein benötigt eine Führungskraft zum Führen von Mitarbeitern Autorität und Handlungskompetenz.

Erklären Sie zwei verschiedene Arten von Autorität und beschreiben Sie kurz welche Einzelkompetenzen unter den Begriff der Handlungskompetenz fallen.

4.2.5 Personalplanung

Aufgabe 50   *Personalplanung*

Ihr Vorgesetzter, Herr Hans-Peter Kohle, teilt Ihnen mit, dass sich die Auftragslage für das nächste Geschäftsjahr deutlich verbessert hat. Er rechnet mit einer Zunahme von 10% gegenüber dem bisherigen Auftragsvolumen. Da Sie für die Personalplanung in ihrem Betrieb zuständig sind, werden Sie aufgefordert diese den gesteigerten Umsatzerwartungen anzupassen.

Im Zuge dieser Aufgabe sollen Sie die Unterschiede zwischen der quantitativen und der qualitativen Personalplanung darlegen. Geben Sie für beide Personalplanungsmethoden je zwei Beispiele an.

Aufgabe 51   *Quantitative Personalplanung*

Zur Planung der quantitativen Anzahl der Mitarbeiter im Unternehmen können verschiedene Verfahren herangezogen werden.

Erläutern Sie vier dieser Verfahren und beschreiben Sie die Vorgehensweise.

Aufgabe 52   *Personalmarketing*

Ihr

Ihr Vorgesetzter, Herr Hans-Peter Kohle, ist für die Personalbeschaffung in ihrem Unternehmen zuständig. Auf einem externen Seminar hört er zum ersten Mal die Begriffe des „internen und externen Personalmarketings".

Diese Begriffe sind für ihn „Neuland" und er bittet Sie ihm diese zu erläutern.

4.2.6 Personalbeschaffung

Aufgabe 53   *Personalbeschaffung*

Nennen Sie je zwei interne und zwei externe Personalbeschaffungsmaßnahmen.

4.2.7 Personalbeschaffungsmaßnahmen

Aufgabe 54   *Personalanpassungsmaßnahmen*

Unterschiedlichen konjunkturellen Entwicklungen geschuldet, müssen in Unternehmen verschiedene Personalanpassungsmaßnahmen durchgeführt werden, um den eigenen Personalbestand der jeweiligen Situation anzupassen. Hierbei werden „zeitweise wirksame" und „dauerhaft wirksame" Maßnahmen unterschieden.

Erklären Sie den Unterschied beider Personalanpassungsmaßnahmen und nennen Sie je zwei Beispiele. Geben Sie weiterhin zwei Gründe an, die zu Personalanpassungsmaßnahmen führen können.

Aufgabe 55   *Personalanpassungsmaßnahmen*

Grenzen Sie folgende Möglichkeiten ein Arbeitsverhältnis zu beenden voneinander ab:

- betriebsbedingte Kündigung
- Aufhebungsvertrag
- verhaltensbedingte Kündigung
- befristeter Arbeitsvertrag

Nennen Sie weiterhin drei Beispiele für die Unzulässigkeit einer betriebsbedingten Kündigung.

Aufgabe 56   *Personalanpassungsmaßnahmen*

Magdalena S. soll in ihrem Betrieb die Vorbereitungen für eine anstehende Personalanpassung organisieren. Hierbei wird Sie immer wieder mit den Begriffen „Outplacement", „Transfergesellschaft" und „Auffanggesellschaft" konfrontiert. Helfen Sie ihr die Begriffe richtig einzuordnen.

4.2.8 Entgeltformen

Aufgabe 57   *Entgeltformen*

Innerhalb der Entgeltformen wird zwischen „Zeitlohn" und „Leistungslohn" unterschieden. Stellen Sie die Unterschiede dar und nennen Sie je zwei Beispiele.

Aufgabe 58   *Betriebliche Sozialpolitik*

Sie befinden sich in der Vorbereitung auf die Fachwirtsprüfung im Fach Unternehmensführung auf der Zielgeraden. Einer ihrer letzten Schwerpunkte ist die betriebliche Sozialpolitik. Jan D., ebenfalls in der Vorbereitung auf die Prüfung, sendet Ihnen folgende Fragen mit der Bitte um Unterstützung. Helfen Sie ihm.

a) Was versteht man unter dem Begriff der „Betrieblichen Sozialpolitik"?

b) Welche Gründe bewegen ein Unternehmen eigene Maßnahmen zur Sozialpolitik zu entwickeln und den Mitarbeitern anzubieten?

c) Nennen Sie drei Bereiche der „Betrieblichen Sozialpolitik".

d) Beschreiben Sie die vier Leistungen der betrieblichen Sozialpolitik.

Aufgabe 59   *Betriebliche Sozialpolitik*

Erklären Sie ihrer Kollegin Melanie M., im Zuge der betrieblichen Sozialpolitik, was unter dem Cafeteria-Modell zu verstehen ist.

Aufgabe 60   *Arten der Personalentwicklung*

M. Iregal, Praktikant in der Personalabteilung, nimmt an der Personalratssitzung im Monat September teil. Während der Sitzung wird über das „immaterielle Kapital" gesprochen. In der Pause kommt er zu Ihnen und bittet Sie ihm die drei Bereiche des immateriellen Kapitals zu erklären. Tun Sie dies.

4.3 Personalentwicklung

4.3.1 Arten der Personalentwicklung

Aufgabe 61   *Personalentwicklung*

Im Zuge der Personalentwicklung müssen zwei Interessensgruppen betrachtet werden. Zum einen die Personalentwicklung aus Sicht des Unternehmens und zum anderen die Personalentwicklung aus Mitarbeitersicht.

Stellen Sie beide Interessen gegenüber.

Aufgabe 62   *Personalentwicklung*

Otto B. ist neuer Mitarbeiter im Personalbüro. In einer der ersten Sitzungen wird über die bevorstehende Organisationsveränderung und die damit verbundene Personalentwicklung diskutiert. Nach der Sitzung frägt Sie Otto B. wieso diese beiden Bereiche zusammen abgearbeitet werden müssen?

Grenzen Sie die Begriffe „Personalentwicklung" und „Organisationsentwicklung" voneinander ab und beschreiben Sie den „Effekt der Wechselwirkung".

Aufgabe 63   *Ausbildung*

Die meisten Betriebe sorgen im Laufe der Zeit für eigenen „Nachwuchs", indem sie Auszubildende einstellen und jungen Menschen die Möglichkeit bieten den angestrebten Beruf zu erlernen. Neben zahlreichen Voraussetzungen, die Betriebe erfüllen müssen, um Auszubildende einstellen zu können, sorgen auch eine Fülle von Pflichten für große Verantwortung. Allerdings ist die Übernahme von Pflichten, seitens des ausbildenden Betriebs keine Einbahnstraße, auch Auszubildende haben eine Reihe von Pflichten.

Stellen Sie die Pflichten des ausbildenden Betriebs und des Auszubildenden gegenüber und gehen Sie auf zwei Voraussetzungen ein, die ein Unternehmen erfüllen muss, um ein Ausbildungsbetrieb sein zu dürfen.

Aufgabe 64   *Duale Ausbildung*

In den letzten Jahren hat sich das duale Ausbildungssystem immer mehr durchgesetzt.

Erklären Sie ihrer Kommilitonin Annette K. was darunter zu verstehen ist.

Aufgabe 65   *Fortbildung*

In der Fortbildung wird zwischen „Beruflicher Fortbildung", „Umschulung" und „Fortbildungsbedarf" unterschieden.

Grenzen Sie diese drei Begriffe voneinander ab.

Aufgabe 66   *Fortbildung*

Der beruflichen Fortbildung wird in der Wirtschaft eine besondere Bedeutung beigemessen. Sie wird in vier Bedarfsgruppen eingeteilt. Erläutern sie diese.

Aufgabe 67   *Personalentwicklung*

Herr Schneider von der Personalagentur „Schneider schafft sie alle" schlägt der „Topf & Deckel-GmbH" unten aufgeführte Methoden der Personalentwicklung vor. Grenzen Sie die einzelnen Möglichkeiten voneinander ab und geben Sie für jede Methode ein Beispiel an.

- Training on the job
- Training out of the job
- Training into the job
- Training along the job
- Training off the job

Aufgabe 68   *Arbeitsstrukturierung*

Die Arbeitsstrukturierung hat unter anderem drei Schwerpunkte, „Job-Rotation", „Job-Enlargement" und „Job-Enrichment".

Erklären Sie kurz diese Begriffe.

Aufgabe 69   *Individuelle Förderung*

Um die eigenen Führungskräfte weiter zu entwickeln, greifen viele Unternehmen auf die individuelle Förderung zurück und arbeiten mit externen Coaches zusammen oder stellen neuen Mitarbeitern sogenannte Mentoren zur Seite.

Beschreiben Sie die beiden individuellen Förderungen Coaching und Mentoring.

Aufgabe 70   *Potenzialanalyse*

Die „Rund & Eckig KG" möchte die Personalentwicklung im Unternehmen forcieren. Hierzu sollen Sie, als angehender Fachwirt, der Geschäftsleitung einige Instrumente vorstellen.

Auf der Präsentationssitzung werden Sie aufgefordert die Potenzialanalyse zu erläutern.

Aufgabe 71   *Assessment-Center*

Die „Einkaufsprofi GmbH" möchte eine Führungsposition im Einkauf neu besetzen. Hierzu schlägt die Personalabteilung ein „Assessment-Center (AC)" vor.

Erklären Sie, was unter einem Assessment-Center zu verstehen ist und nennen Sie vier organisatorische Voraussetzungen, die notwendig sind, um ein Assessment-Center erfolgreich durchführen zu können.

Aufgabe 72   *Beurteilung*

Als Führungskraft gehört es zu Ihren Aufgaben ihre Mitarbeiter zu beurteilen, dabei stehen Ihnen verschiedene Beurteilungskriterien zur Verfügung.

Die Erstellung einer Beurteilung unterliegt dabei verschiedenen Phasen und ist auch nicht frei von Beurteilungsfehlern.

a)   Nennen Sie zwei Beurteilungskriterien.

b)   Beschreiben Sie den Prozess einer Beurteilungserstellung, indem Sie die einzelnen Phasen der Beurteilung erläutern.

c)   Beschreiben Sie zwei Beurteilungsfehler, die im Rahmen einer Beurteilung auftreten können.

Aufgabe 73   *Beurteilung*

Das Beurteilungsgespräch ist aus Sicht des Mitarbeiters das wichtigste Gespräch des Jahres. Nennen Sie vier Voraussetzungen zur Durchführung eines erfolgreichen Beurteilungsgesprächs.

Stellen Sie weiterhin den Ablauf eines Beurteilungsgesprächs dar.

Aufgabe 74   *Betriebsklima*

In vielen Betrieben trägt das Betriebsklima zur guten oder auch zur schlechten Stimmung bei.

Erläutern Sie kurz, was unter dem Begriff „Betriebsklima" zu verstehen ist und nennen Sie zwei Faktoren, die das Betriebsklima beeinflussen.

Aufgabe 75   *Personalbedarf*

Die „Hans W. Urscht GmbH" soll in ihrem Werk in Berlin im Monat Mai 3.780 Teile produzieren. Die Produktionsdauer für ein Teil beträgt 40 Minuten. Im Mai sind 12 Mitarbeiter in dem Werk in Berlin in der Produktion beschäftigt, die täglich jeweils 8h arbeiten. Im Monat Mai wird mit 25 Arbeitstagen geplant. Ende Mail gehen 3 Mitarbeiter in den wohl verdienten Ruhestand und 2 neue Mitarbeiter beginnen Anfang Juni ihre Tätigkeit bei der „Hans W. Urscht GmbH".

Im Monat Mai fallen 2,5% der Arbeitszeit aufgrund von internen Seminaren aus und 5% der Mitarbeiter haben im Mai Urlaub. Als Krankheitskoeffizient wird der bundesweite Durchschnittswert von 2,5% angesetzt. Es wird damit kalkuliert, dass für die neuen Mitarbeiter der Planungsfaktor ebenfalls gilt. Im Juni wird mit dem gleichen Auftragsvolumen kalkuliert, wie im Mai.

Ermitteln Sie den Brutto- und Nettopersonalbedarf.

Lösungshinweise

Lösung 1   _Unternehmenskultur - Unternehmensphilosophie_

Unternehmensphilosophie: Die Unternehmensphilosophie gibt die Richtung im Unternehmen vor. Sie bildet die Grundlage sowohl für die Unternehmensstrategie, als auch für das Unternehmensleitbild. Die Unternehmensphilosophie besitzt strategischen Charakter und beeinflusst die Pläne und Ziele sowie den Führungsstil und die Führungsgrundsätze der Unternehmensleitung.

Unternehmenskultur: In der Unternehmenskultur spiegeln sich die Werte und Normen des Unternehmens wieder. Hier wird festgelegt, was im Sinne des Unternehmens „gut" und „böse" ist. Sie prägt das Verhalten der Mitarbeiter und Führungskräfte nach innen und nach außen. Die Unternehmenskultur kann beeinflusst, aber nicht vorgegeben werden. Eine Unternehmenskultur entwickelt sich und orientiert sich an den tatsächlichen Verhaltensweisen der Mitarbeiter und Führungskräfte.

Lösung 2   _Unternehmensleitbild_

In einem Unternehmensleitbild werden die Visionen eines Unternehmens schriftlich dokumentiert. Folgende Inhalte sind in einem Leitbild enthalten:

- Werte
- Normen
- Ziele
- Philosophie

Lösung 3   _Unternehmensleitbild_

Werden Unternehmensleitbilder gemeinsam mit den Mitarbeitern entwickelt, steigen die Motivation der Mitarbeiter und die Identifikation gegenüber dem Unternehmen. Der Mitarbeiter entwickelt ein Gefühl es seien „seine Leitbilder", da er sie mit entwickelt hat – sie werden von ihm „gelebt".

Lösung 4   _Corporate Identity_

Unter der **„Corporate Identity"** versteht man die Identität des Unternehmens nach innen und nach außen. Die Corporate Identity wird auch als das Selbstbild oder Erscheinungsbild des Unternehmens bezeichnet. Die drei Hauptsäulen sind: Corporate Design, Corporate Behaviour und Corporate Communication.

Corporate Design = optische Erkennbarkeit des Unternehmens, hierzu zählen das Logo, die gleiche Arbeitskleidung oder das einheitliche Farbschema auf dem Briefpapier.

Corporate Behaviour = Corporate Behaviour kennzeichnet das Verhalten der Mitarbeiter nach innen und nach außen. Hier wird die Frage beantwortet, „Wie gehen wir miteinander um?" Als Beispiel dient der Umgang aller Mitarbeiter innerhalb des Unternehmens (siezen oder duzen).

Corporate Communication = Corporate Communication beschäftigt sich mit der einheitlichen Unternehmenskommunikation, dies betrifft beispielsweise einheitliche Aussagen zur Begrüßung des Kunden am Telefon.

Weitere Elemente der Corporate Identity sind:

- Corporate Mission
- Corporate Governance
- Corporate Compliants
- Corporate Vision

Lösung 5 *Operationalisierung von Zielen*

Bei der Zielformulierung muss darauf geachtet werden die Ziele operationalisierbar zu machen, d.h. einheitliche, klare Strukturen bei der Zielformulierung zu schaffen, damit alle Beteiligten unter dem festgelegten Ziel das gleiche verstehen.

Um dies zu gewährleisten wird die SMART-Regel angewandt.

S = spezifisch

M = messbar

A = anspruchsvoll

R = realistisch

T = terminiert

Beispiel:

Wir wollen den Umsatz der Damenfahrräder (spezifisch) im nächsten Halbjahr (terminiert) um 5% steigern (messbar) und wollen dies durch gezielte Werbung in Fachzeitschriften (wie?) erreichen. Verantwortlich für die Umsetzung ist die Marketing-Abteilung (wer?).

A = anspruchsvoll und R = realistisch sind nicht zu definieren, da keine näheren Informationen über das Unternehmen vorliegen.

Lösung 6 *Zielbeziehungen*

Es werden folgende Zielbeziehungen unterschieden:

- komplementäre Ziele (Ziele, die sich ergänzen, Beispiel: Umsatz- und Gewinnsteigerung, bei gleicher Kostenstruktur)

- konkurrierende Ziele (Ziele, die nur schwer miteinander vereinbar sind, Beispiel: Reduzierung des Gesamtbudgets um 500.000€ und Erhöhung des Auslandsbudgets um 50.000€)

- antinome Ziele (Ziele, die sich ausschließen, Beispiel: Erhöhung der Mitarbeiterzufriedenheit und Streichen des Urlaubsgeldes)

- indifferente Ziele (Ziele, die unabhängig voneinander sind, Beispiel: Steigerung des Umsatzes und Einführung von Mitarbeiterparkplätzen)

Lösung 7   *Zeithorizonte bei Zielen*

<u>Strategische Ziele</u>: langfristige Ziele mit einem Zeithorizont von mehr als fünf Jahren (> 5 Jahre)

<u>Taktische Ziele</u>: mittelfristige Ziele mit einem Zeithorizont zwischen einem und fünf Jahren (> 1 Jahr und < 5 Jahre)

Operative Ziele: kurzfristige Ziele mit einem Zeithorizont von weniger, als einem Jahr (< 1 Jahr)

Zuordnung der Zeithorizonte:

- Bau eines Zweitwerkes in Thailand in 8 Jahren ⇨ strategisch

- Entwicklung eines neuen Produktes innerhalb von 36 Monaten ⇨ taktisch

- Bau einer neuen Filiale in 10 Monaten ⇨ operativ

- Erhöhung des Marktanteils um 8% innerhalb der nächsten 2 Jahre ⇨ taktisch

Lösung 8   *Zielarten*

Quantitative Ziele sind in der Regel wirtschaftliche, messbare Ziele und qualitative Ziele sind nicht oder nur schwer messbar und beinhalten eher einen sozialen und ökologischen Hintergrund.

<u>Quantitative Ziele sind</u>:

Senkung der Kosten; Steigerung des Gewinns; Erhöhung des Deckungsbeitrages…

<u>Qualitative Ziele sind</u>:

Steigerung des Unternehmensimages; leistungsgerechte Entlohnung; Verwendung wiederverwertbarer Materialien…

Lösung 9   *SWOT-Analyse*

Die SWOT-Analyse ist ein strategisches Controlling-Instrument, welches aus internen Stärken und Schwächen sowie externen Chancen und Risiken besteht. Die Stärken und Schwächen sind gegenwartsbezogen, die Chancen und Risiken beziehen sich auf die Zukunft.

interne Schwächen: Verursacher ist das eigene Unternehmen

externe Risiken: Verursacher sind externe Gegebenheiten, unabhängig vom Unternehmen

Beispiel zur Unterscheidung von internen Schwächen und externen Risiken:

Gibt der Arbeitsmarkt die benötigten Fachkräfte nicht her, ist dies ein externes Risiko, welches unverschuldet das Unternehmen treffen kann, d.h. das Unternehmen hat den Sachverhalt nicht zu verantworten.

Versäumt jedoch das Unternehmen rechtzeitig junge Führungskräfte nachzuziehen und auszubilden, ist dies eine interne Schwäche, da der Anlass (Schuld) beim Unternehmen selbst zu suchen ist, d.h. das Unternehmen hat diesen Zustand selbst verursacht und damit zu verantworten.

Hilfestellung bei der Unterscheidung: Liegt der Grund für den Sachverhalt im Unternehmen verankert oder nicht? Ist dies der Fall handelt es sich um eine interne Schwäche andernfalls um ein externes Risiko.

Lösung 10   *Produktlebenszyklus*

Grafische Darstellung Produktlebenszyklus:

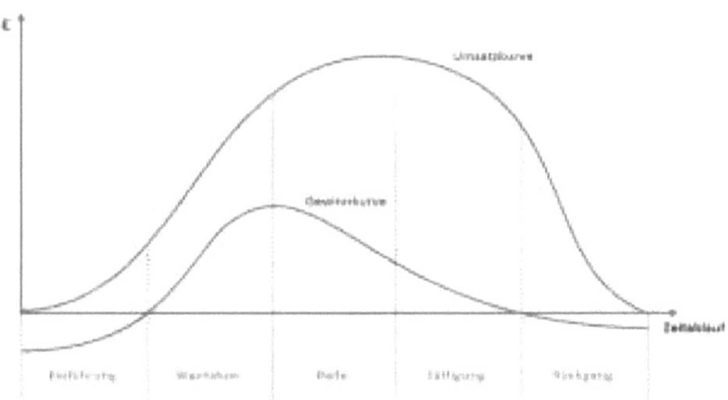

Entwicklungsphase (vorgelagert):

Die Entwicklungsphase, auch Forschungsphase genannt, widmet sich der Ideenfindung & der Produktentwicklung und verursacht somit hohe Kosten. Die Phase endet mit dem ersten Euro Umsatz, d.h., wenn das Produkt am Markt eingeführt wird. Ein genauer Beginn dieser Phase ist nicht zu bestimmen.

Normstrategie = Investitionsstrategie

Einführungsphase:

Die Einführungsphase beginnt mit dem ersten Euro Umsatz und endet mit dem ersten Euro Gewinn.

Normstrategie = Investitionsstrategie

Wachstumsphase:

Die Wachstumsphase beginnt mit dem ersten Euro Gewinn und endet im Gewinnmaximum. Sie ist durch einen steilen Umsatzanstieg gekennzeichnet.

Normstrategie = Investitionsstrategie / Wachstumsstrategie

Reifephase:

Die Reifephase beginnt im Gewinnmaximum und endet im Umsatzmaximum. Diese Phase wird durch den Eintritt des Wettbewerbs gekennzeichnet, d.h. der Gewinn geht bei steigenden Umsätzen zurück, da sich die Kostenstruktur nicht ändert.

Normstrategie = Wachstumsstrategie

Sättigungsphase:

Die Sättigungsphase beginnt im Umsatzmaximum und endet mit dem wieder eintretenden Verlust.

Normstrategie = Abschöpfungsstrategie

Eliminierungsphase:

Die Eliminierungsphase beginnt mit dem ersten Euro Verlust und endet mit der Herausnahme des Artikels (Umsatz = null).

Normstrategie = Eliminierungsstrategie

Lösung 11   *Portfolio-Matrix*

Grafische Darstellung Portfolio-Analyse:

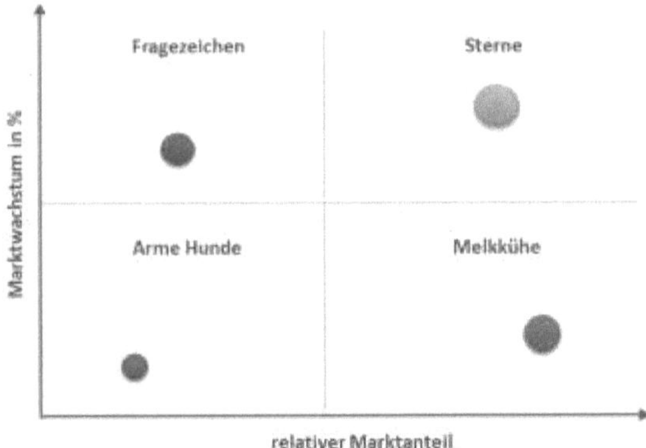

Fragezeichen:

Fragezeichen zeichnen sich über ein hohes (überdurchschnittliches) Marktwachstum und einen geringen Marktanteil (kleiner 1 ➜ kein Marktführer) aus. Hoher Bedarf an finanziellen Mitteln ist notwendig, es herrscht ein negativer Cashflow.

Normstrategie = Investitionsstrategie

Sterne:

Sterne besitzen ein hohes, überdurchschnittliches Marktwachstum und sind Marktführer (relativer Marktanteil >1). Der Cashflow ist ausgeglichen, d.h. er dreht vom Negativen ins Positive.

Normstrategie = Wachstumsstrategie

Melkkühe:

Die Melkkühe verdienen das Geld im Unternehmen, sie sind Marktführer, haben aber ein geringes Marktwachstum. Ihre Bedeutung am Markt nimmt ab. Der Cashflow ist deutlich positiv. Mit den erzielten Geldern werden die neuen Produkte im Bereich der Fragezeichen finanziert.

Normstrategie = Abschöpfungsstrategie

Arme Hunde:

Dieses Geschäftsfeld zeichnet sich durch ein geringes Marktwachstum und einen geringen relativen Marktanteil aus. Der Cashflow entwickelt sich vom Positiven zum Negativen.

Normstrategie = Eliminierungsstrategie

Lösung 12 *Benchmark*

Benchmark ist der Vergleich mit den Besten der Branche, um eigene Schwächen zu erkennen und abzubauen. Es wird die Frage gestellt: „Was macht der Wettbewerber besser?"

Beim Benchmark wird zwischen externem (Vergleich mit Wettbewerbern) und internem Benchmark (Vergleich mit eigenen Filialen) unterschieden.

Zur Einführung des Benchmarks sind folgende fünf Phasen zu beachten:

Phase 1: Festlegung von Zielen – Was ist für das Unternehmen wichtig?

Phase 2: Situationsanalyse – Wo befinden wir uns?

Phase 3: Wettbewerbsanalyse – Mit wem wollen wir uns vergleichen?

Phase 4: Erfassen und Umsetzen von Verbesserungen – Was wollen wir umsetzen?

Phase 5: Kontrolle – Funktioniert das bei uns auch?

Lösung 13 *Operative Planung*

Induktive Planung: Bei der induktiven Planung wird von der kurzfristigen Planung auf die langfristige Planung geschlossen.

Deduktive Planung: Bei der deduktiven Planung wird von der langfristigen Planung auf die kurzfristige Planung geschlossen.

Lösung 14   *Planungsmethoden*

Top-down-Methode:

Die Planung erfolgt von „oben nach unten", d.h. sie wird von der Geschäftsleitung vorgegeben und von den anderen Managementebenen in Teilbereiche zerlegt und umgesetzt. Beispiel: Die Geschäftsleitung erwartet eine Umsatzsteigerung von 5%, somit werden die einzelnen Warenbereiche in der Art geplant, dass in der Summe 5% Wachstum erzielt werden können. Die einzelnen Teilbereiche hingegen wachsen unterschiedlich. Voraussetzung für eine erfolgreiche Planung nach dem Top-down-Prinzip ist ein sehr guter Informationsfluss.

Bottom-up-Methode:

Die Planung erfolgt „von unten nach oben". Die unteren Managementebenen planen ihre Bereiche autark. Nach erfolgter Teilplanung werden die einzelnen Planungen zusammengefasst und in der Summe der Unternehmensleitung vorgestellt. Die Bottom-up-Methode impliziert eine hohe Motivation der unteren Führungsebenen, da diese ihre Bereiche selber planen.

Gegenstromverfahren:

Die Gegenstromplanung ist eine Kombination aus beiden Verfahren, d.h. einerseits werden Planzahlen für gewisse Bereiche von oben vorgegeben (Top-down), andererseits können die Führungskräfte ihre Bereiche autark planen (Bottom up).

Beispiel: Bei der Neueröffnung eines Shops für Kinderelektronik wird die Planung für diesen Bereich im nächsten Geschäftsjahr höchst wahrscheinlich dem Top-down-Prinzip folgen, da ein gewisses Umsatzwachstum zur Deckung der „schwarzen Null" notwendig ist. Die anderen Bereiche des Spielwarenbereichs werden nach der Bottom-up-Methode vom Lower- und Middle-Management autark geplant.

Lösung 15   *Integrierte Managementsysteme*

Die drei Säulen des Integrierten Managementsystems lauten:

- Qualitätsmanagement
- Umweltmanagement
- Sicherheitsmanagement

Qualitätsmanagement:

Das QM beschäftigt sich mit der Qualität der Produkte und Dienstleistungen, denn Qualität sichert langfristig den Erfolg eines Unternehmens. In der Produktion wird Qualität durch Prüfungen (Audits) gewährleistet und durch das „Total Quality Management" (alle Schritte unterliegen konkreten Qualitätskriterien) garantiert. Die Qualitätskriterien, die sich über Jahre hinweg entwickelt haben unterliegen der Normenfamilie ISO 9.000.

Eines der wichtigsten Elemente des Qualitätsmanagements ist das QM-Handbuch, in dem alle Abläufe und Anforderungen an die Mitarbeiter und an die Fertigung der Produkte dokumentiert sind.

Das QM-Handbuch ist die Voraussetzung für den Erhalt der Zertifizierung. Das gesamte Qualitätsmanagement bezieht sich nicht nur auf Produkte und Dienstleistungen, sondern auch auf Lieferanten und die gesamte Organisationsstruktur eines Unternehmens.

Umweltmanagement:

Das Umweltmanagement orientiert sich an der ökologischen Nachhaltigkeit in Unternehmen, d.h. es überwacht die einzelnen Prozesse hinsichtlich der Einhaltung ökologischer Standards. Das gesamte Umweltmanagement richtet sich nach der Normenfamilie ISO 14.000 (weltweite Gültigkeit) oder der EMAS-Norm, die nur innerhalb Europas seine Gültigkeit besitzt.

Das Umweltmanagement achtet darauf, dass in Prozessen und Produktionen, soweit möglich, ökologische Rohstoffe oder wiederverwertbare Substanzen verwendet werden. Weiterhin zählen die Mülltrennung oder die Verwendung von energiesparenden Leuchtmitteln dazu.

Ein weiterer Bestandteil des Umweltmanagements ist das Kreislaufwirtschaftsgesetz, es hat das Ziel Abfälle zu vermeiden. Der Sinn dieses Gesetzes ist die Schonung der Umwelt und der bewusste Umgang mit Rohstoffen und Ressourcen. Das KrWG sagt aus, dass Abfälle, die nicht zu vermeiden sind dem Recycling zuzuführen sind und nur in Situationen, in denen kein Recycling, beispielsweise aus Kostengründen, möglich ist, Abfälle entsorgt werden dürfen.

Sicherheitsmanagement:

Das Sicherheitsmanagement dient dazu den Menschen und die Abläufe im Unternehmen ab zu sichern. Hierbei wird zwischen Arbeitssicherheit (Absicherung der Prozesse) und Arbeitsschutz (Schutz des Menschen) unterschieden.

Das Sicherheitsmanagement gehört zur permanenten Verantwortung aller Führungskräfte nicht entsprechendes Verhalten anzusprechen und auf Einhaltung der Sicherheitsstandards zu bestehen.

Sicherheitsmanagement hat in Unternehmen viele Gesichter und wird beispielsweise durch einen Sicherheitsbeauftragten, einen Gefahrgutbeauftragten oder einen Immissionsschutzbeauftragten dargestellt.

Lösung 16   *Integrierte Managementsysteme*

Unter einem **Audit** versteht man eine Überprüfung von Produkten, Rohstoffen oder Prozessen. Man unterscheidet interne Audits (vom Unternehmen selbst vollzogen) und externe Audits (von Drittparteien durchgeführt).

Zertifizierung

Im Allgemeinen lässt sich eine Zertifizierung in vier Phasen untergliedern.

Phase 1: Vorbereitungen treffen

- Verantwortlichen ernennen
- Ziele festlegen
- Mitarbeiter schulen
- Vorgehensweise festlegen

Phase 2: Steuerung

- Handbücher erstellen
- Erstellen der einzelnen Abläufe im Unternehmen
- Zusammentragen der gesamten Unterlagen
- Prüfung der Ergebnisse durch die internen Auditoren
- …

Phase 3: Auditierung

- Übergabe der Unterlagen an die externe Audit-Stelle
- Prüfung der Unterlagen durch das externe Audit
- Bericht der externen Auditoren an das Unternehmen
- Festlegen von Auflagen bei Nichterfüllung
- Übergabe der Auflagen an das Unternehmen
- …

Phase 4: Abarbeitung der Auflagen im Unternehmen

- Erfüllen der Auflagen
- Berichte an die externen Auditoren mit entsprechenden Nachweisen schicken
- Kontrolle der Erfüllung der Auflagen durch die externen Auditoren
- Übergabe der Urkunde ⇨ Zertifizierung

Lösung 17 *Organisationsstruktur*

Die **Aufbauorganisation** stellt die Struktur eines Unternehmens dar, sie ist, um es mit einem Menschen zu vergleichen, das Skelett und sorgt dafür, dass das Gebilde stabil und aufrecht steht. Die Aufbauorganisation verkörpert die Hierarchie eines Unternehmens und gibt somit Auskunft, wer, wem, was zu sagen hat und wer, wem unter- bzw. überstellt ist. Eine Hierarchie besteht aus einer Vielzahl von Stellen. Eine Stelle bildet die kleinste organisatorische Einheit im Unternehmen. Eine Stelle mit

Entscheidungsbefugnis heißt Instanz. Die höchste Instanz im Unternehmen ist die Unternehmensleitung.

Die **Ablauforganisation** hingegen beschreibt die Prozesse im Unternehmen. Sie ist, um wieder auf den Körper Bezug zu nehmen, der Blutkreislauf, bzw. stellt die inneren Organe eines Menschen dar, die diesen am Leben halten. In der Ablauforganisation werden die einzelnen Prozesse genauestens definiert, damit gerade neue Mitarbeiter eine bessere Orientierung bekommen. Hier werden klare Regeln für die Zusammenarbeit innerhalb einer Abteilung definiert. Die Hauptaufgabe der Ablauforganisation ist die Steuerung und Kontrolle der verschiedenen Prozesse im Unternehmen.

Lösung 18   *Organisationsstruktur*

Aufgabenanalyse: Eine Aufgabenanalyse zerlegt eine Gesamtaufgabe in Teilaufgaben, d.h. die einzelnen Prozesse werden in Teilprozesse zerlegt. Eine Aufgabenanalyse kann anhand folgender Kriterien erfolgen:

- Verrichtung (Tätigkeit steht im Vordergrund)
- Objekt (Objekt steht im Vordergrund)
- Rang (Einteilung in Haupt- und Unteraufgaben)
- Phase (Gliederung der Aufgaben in Planungs- Umsetzungs- und Kontrollphase)
- Zweckbezug (Einteilung nach Aufgaben, die direkt, unmittelbar mit dem Objekt selbst zu tun haben und Aufgaben, die nicht unmittelbar dem Kernobjekt zuzuordnen sind)

Aufgabensynthese: Eine Aufgabensynthese fasst die einzelnen Teilaufgaben, die logisch und funktionstechnisch zueinander passen, zusammen und ordnet diese einer Stelle zu.

Beispiel: Bau einer Werft in China
<u>Aufgabenanalyse:</u>

- Kauf eines Grundstückes
- Bau des Gebäudes
- Errichtung Lager
- Einstellung einer Haustechnik
- Verhandlungen mit Lieferanten
- Einstellen von Mitarbeitern
- Kauf von Werkzeugen

- Kauf von Staplern
- Einrichtung der EDV
- Sprachkurse für die Mitarbeiter

Aufgabensynthese:

Es werden die Aufgaben zusammengefasst, die von einer Stelle bearbeitet werden können.

- Errichtung Lager
- Kauf von Werkzeugen
- Kauf von Staplern
- Einrichtung der EDV
- Einstellung einer Haustechnik

Diese Aufgaben könnten beispielsweise in der Stelle des Technischen Leiters zusammengefasst werden. Der Technische Leiter nimmt dann wiederum eine weitere Unterteilung seiner Aufgaben vor und ordnet diese wieder einzelnen Stellen zu. So entstehen Organigramme.

Lösung 19   *Center*

Cost-Center: Das Cost-Center erhält für die vereinbarten Ziele ein vorgegebenes Budget und darf dies nicht überschreiten. Es hat keinen Einfluss auf den Gewinn oder die anstehenden Investitionen.

Profit-Center: In einem Profit-Center ist das Unternehmen für den Umsatz, die Kosten und den Gewinn selbst verantwortlich. Die Gewinnerwartung wird vorgegeben, der Weg zum Erreichen des Ziels nicht.

Investment-Center: Neben der Verantwortung für Umsatz, Kosten und Gewinn trägt das Investment-Center noch die Verantwortung für den gesamten Kapitaleinsatz, d.h. für das Aufnehmen von Krediten und die Verwendung der Gelder für Investitionen.

Lösung 20   *Organisationsformen*

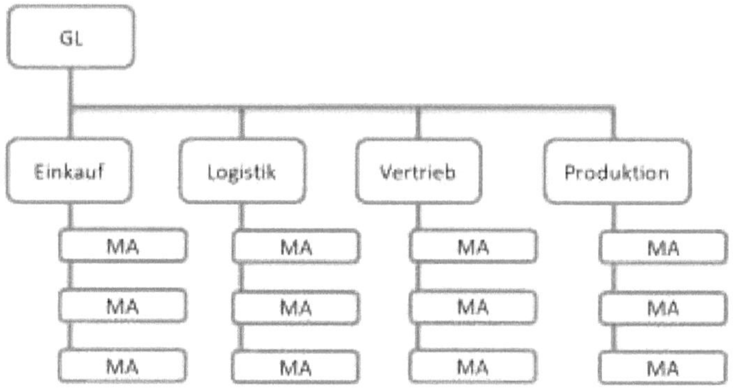

<u>Vorteile:</u>

- klare Strukturen
- jeder weiß, wer sein direkter Vorgesetzter ist

<u>Nachteile:</u>

- bei zu vielen Mitarbeitern ist keine Kontrolle mehr möglich
- lange Dienstwege

Lösung 21   *Organisationsformen*

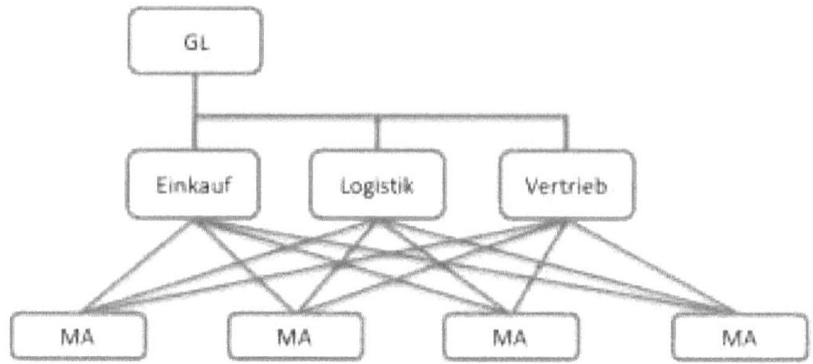

Die Problematik bezüglich fachlichem und disziplinarischem Vorgesetzten besteht darin, dass der Mitarbeiter zwei Vorgesetzte hat, aber nur einem disziplinarisch unterstellt ist. Somit hat der Fachvorgesetzte keine Möglichkeit den Mitarbeiter bei Verfehlungen arbeitsrechtlich zu belangen. Er ist immer auf die Unterstützung des disziplinarischen Vorgesetzten angewiesen. Dies führt zu Frustration und zu Konflikten.

Lösung 22   *Organisationsformen*

Matrixorganisation

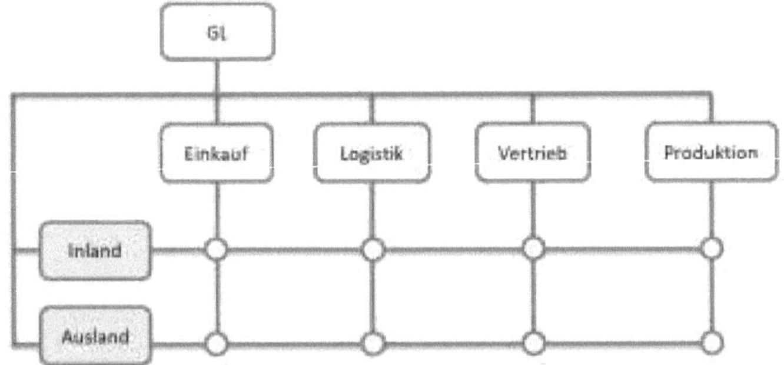

<u>Vorteile:</u>

- hoher Informationsaustausch in allen Bereichen
- schnelle Anpassung an wirtschaftliche Veränderungen
- Mitarbeiter nutzen Wissen der Spezialisten

<u>Nachteile:</u>

- permanenter Kommunikationsbedarf
- hohe Abstimmung in den einzelnen Linien notwendig
- hohe Kompromissbereitschaft bei unterschiedlichen Sichtweisen erforderlich
- GL oft als Moderator gefordert

Spartenorganisation

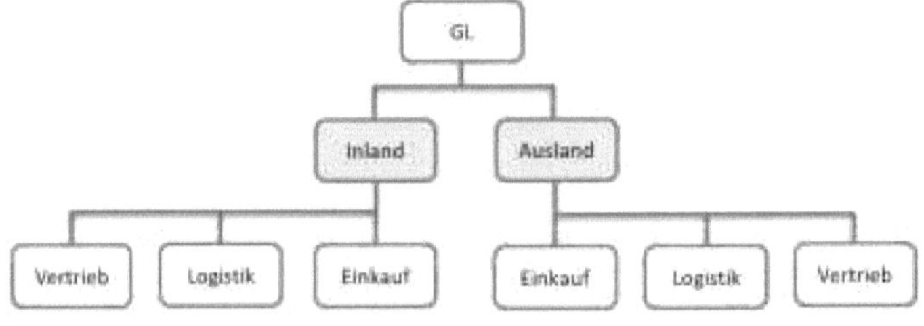

<u>Vorteile:</u>

- kurze Wege
- Spezialisten arbeiten vor Ort ⇨ hohes Fachwissen
- ....

Nachteile:

- Gefahr der Verselbstständigung
- hohe Abstimmung der Linien erforderlich
- hohe Kosten
- ...

Lösung 23 *Organisationsformen*

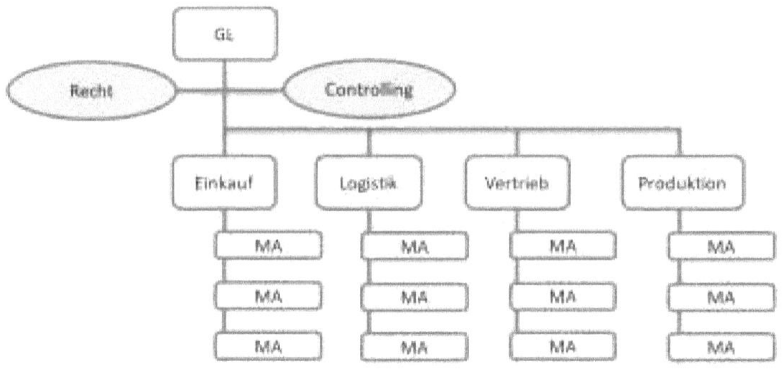

Vorteile:

- Entlastung der Führungskraft
- Spezialisten arbeiten in den Stäben
- ....

Nachteile:

- hohe Kosten durch Spezialisten
- Stäbe tragen keine Verantwortung
- ...

Mögliche Dissonanzen:

- Misstrauen der Linien gegenüber den Stäben, da die Linien die von der Geschäftsleitung genehmigten Vorschläge umsetzen müssen

- fehlende Verantwortung der Stäbe für die entwickelten Maßnahmen

- Beeinflussung der Geschäftsleitung durch die Stäbe

Möglichkeiten die Dissonanzen zu lösen:

- gemeinsame Informationsveranstaltungen zu den offenen Themen

- regelmäßiger Kommunikationsaustausch zwischen Stäben und Linien

- Geschäftsleitung tritt als Moderator zwischen Stäben und Linien auf

Lösung 24   *Organisationsformen*

zu a) Was ist eine Spartenorganisation?

Eine Spartenorganisation (Divisionalisierung) ist durch strategische Geschäftseinheiten geprägt, die sich durch einen eigenen Einkauf, einen eigenen Vertrieb und eine eigene Zielgruppe auszeichnen.

zu b) Welche Gründe können vorliegen, um eine Spartenorganisation als Organisationsform zu wählen?

Internationale Aktivitäten bilden oft den Grund für die Errichtung einer Spartenorganisation, da eine ausländische Ausrichtung eine Betreuung und Steuerung vor Ort verlangt. Gerade bei unterschiedlichen Zeitzonen muss eine eigenständige Geschäftseinheit vor Ort entscheiden können – die Sparte. Somit sind schnelle Entscheidungen und eine kurzfristige Reaktion auf Veränderungen vor Ort gewährleistet.

zu c) Was versteht man unter dem Begriff der „Divisionalisierung"?

Divisionalisierung ist ein anderes Wort für Spartenorganisation.

Lösung 25   *Organisationsformen*

- *Mitarbeiter werden von verschiedenen Spezialisten betreut und ein hoher Abstimmungsbedarf ist notwendig. Die Fachvorgesetzten sind nicht disziplinarischer Vorgesetzter.*

⇨ Mehrliniensystem

- *Die Rechts-Abteilung bereitet Arbeitsverträge und Kündigungen vor, darf sie aber nicht unterschreiben.*

⇨ Stabliniensystem

- *Ein Projekt wird im Unternehmen mit weltweiten Aktivitäten abgearbeitet. Es handelt sich um eine Projektorganisation.*

⇨ Spartenorganisation

- *In einem kleinen Betrieb gibt der Chef die Anweisungen. Jeder Mitarbeiter hat nur genau einen Vorgesetzten. Es existiert ein langer Dienstweg und bei vielen Mitarbeitern ist das System eher ungeeignet.*

⇨ Einliniensystem

Lösung 26   *Netzplantechnik*

Die **Netzplantechnik** ist eine Technik, die komplexe Vorgänge in einzelne Vorgänge, sogenannte „Knoten", unterteilt. Diese Knoten bestehen aus folgenden Zeitabschnitten:

FAZ: Frühester Anfangszeitpunkt

FEZ: Frühester Endzeitpunkt

SAZ: Spätester Anfangszeitpunkt

SEZ: Spätester Endzeitpunkt

D: Dauer

P: Puffer

Die Netzplantechnik ist die einzige Darstellungsmethode von Abläufen und Vorgängen in der die Puffer anzeigt werden. Diese auftretenden Puffer sollten dann von den Verantwortlichen genutzt werden verschiedene Vorgänge (Knoten) zu optimieren, um damit die Dauer der einzelnen Abläufe, wenn möglich, zu verringern.

Der **„Kritische Weg"** beschreibt den Ablauf vom Start bis zum Ende eines gesamten Produktionsvorgangs, bei dem kein Puffer vorhanden ist. Jede Verzögerung bedeutet eine Verschiebung des Endtermins nach hinten.

Vorteile:

- klare Strukturen
- Visualisierung von Pufferzeiten
- Darlegung von Engpässen
- …

Nachteile:

- bei zu vielen Vorgängen wird es unübersichtlich
- kleinste Änderungen führen zu neuen Netzplänen
- …

Lösung 27   *Workflow - Wertanalyse*

Workflow: Ein Workflow ist ein Prozess, dem ein definierter Anfang, ein strukturierter Ablauf und ein definiertes Ende zugrunde liegt.

Wertanalyse: Bei einer Wertanalyse werden den Produkten und Dienstleistungen Funktionen zugeordnet. Im Mittelpunkt der Wertanalyse steht die Wertsteigerung, bei der das Verhältnis zwischen Aufwand und Nutzen dargestellt wird.

Eine Wertanalyse läuft in folgenden Schritten ab:

    1.Schritt: Planung / Organisation

    2.Schritt: Ist-Analyse

    3.Schritt: Abgleich Ist- und Sollzustand

    4.Schritt: Entwickeln von Lösungen

    5.Schritt: Umsetzung der ausgewählten Lösung

Lösung 28   *ABC-Analyse*

Die ABC-Analyse ist in verschiedenen Bereichen des unternehmerischen Handelns einsetzbar. Im Folgenden wird sie anhand einer Artikelauswahl erklärt. Die ABC-Analyse unterteilt Artikel in:

- A-Artikel (wichtige Artikel, die ungefähr 70 - 80% des Wertes der Lagerbestände, aber nur ca. 15 – 20% der Menge der vorhandenen Artikel ausmachen)

- B-Artikel (mittel wichtige Artikel, die ungefähr 25 – 30%% des Wertes der Lagerbestände und ca. 30 - 40% der Menge der vorhandenen Artikel darstellen)

- C-Artikel (unwichtige Artikel, die ungefähr 10 – 15% des Wertes der Lagerbestände und ungefähr 70 - 80% der Menge der vorhandenen Artikel dokumentieren)

Die ABC-Analyse findet aber nicht nur in der Logistik Anwendung, sie lässt sich ebenso auf die Abwicklung, bzw. Erledigung von Aufgaben übertragen:

- A-Aufgaben sind nicht delegierbar und haben höchste Priorität

- B-Aufgaben können delegiert werden, unterliegen aber einer permanenten Kontrolle durch den Verantwortlichen

- C-Aufgaben werden entweder komplett delegiert oder sogar ganz weggelassen

Lösung 29   *ABC-Analyse*

Lösung 30   *Ishikawa*

Freihandel:
Der Japaner Kaoru Ishikawa entwickelte die These, dass einem Problem immer mehrere Einflussgrößen zugrunde liegen. Laut seines Ansatzes sind sieben M´s als mögliche Einflussgrößen für ein Problem zu nennen.

- Mensch
- Maschine
- Methode
- Milieu

Artikel	Menge	Preis	Wert in €	%-Anteil	Rang	Artikel	% kumuliert	A,B,C-Artikel
R	7.000	2,56 €	17.920,00	16,27%	1	V	22,44%	A
S	6.000	1,88 €	11.280,00	10,24%	2	U	43,07%	A
T	5.000	3,27 €	16.350,00	14,84%	3	R	59,34%	A
U	4.000	5,68 €	22.720,00	20,63%	4	T	74,18%	B
V	3.000	8,24 €	24.720,00	22,44%	5	S	84,42%	B
W	2.000	4,96 €	9.920,00	9,01%	6	W	93,43%	C
X	1.000	7,24 €	7.240,00	6,57%	7	X	100,00%	C
Summe			110.150,00	100,00%				

- Management
- Messung
- Material

Das Ishikawa-Diagramm, auch als Fischgräten-Diagramm oder Tannenbaum-Diagramm bekannt, lässt sich in fünf Phasen unterteilen:

1. Zunächst muss das aufgetretene Problem detailliert beschrieben werden, und zwar so, dass jeder Mitarbeiter der Abteilung das Problem versteht. Die Problemformulierung erfolgt in klaren, einfachen und verständlichen Sätzen.
2. Im zweiten Schritt werden die möglichen Einflussgrößen bestimmt (7M´s).
3. Nun wird mit Hilfe der Kreativitätstechniken nach den möglichen Ursachen geforscht.

4. Jetzt erfolgt die Zuordnung der Ursachen zu den Einflussgrößen.

5. Abschließend wird eine Prioritätenliste erstellt, welche Ursachen zuerst beseitigt werden sollen.

Lösung 31   *Balanced Scorecard*

Balanced Scorecard ist ein strategisches Steuerungsinstrument für das Top-Management eines Unternehmens. Sie besteht aus vier unterschiedlichen Perspektiven:

- Kundenperspektive, Finanzperspektive, Mitarbeiterperspektive und Prozessperspektive

Sinn dieser „ausgewogenen Punktekarte" ist die Analyse des Unternehmens aus Sicht jeder einzelnen Perspektive. Hierbei wird das Unternehmen jeweils nur aus einer der vier Perspektiven, beispielsweise der Kundenperspektive, betrachtet und alle anderen Perspektiven werden zunächst ausgeblendet. Für jede einzelne Perspektive werden mindestens ein Ziel, eine Kennzahl und eine Maßnahme zur Zielerreichung festgelegt. Diese Vorgehensweise wird für jede einzelne Perspektive wiederholt. Gelingt es alle Ziele der unterschiedlichen Perspektiven zu erreichen, wird automatisch die Strategie, bzw. das Hauptziel des Unternehmens erreicht.

Lösung 32   *Ethik und Moral*

Moral: Moral steht für Werte und Normen, die das Verhalten von Menschen in der Gesellschaft und im Unternehmen bestimmen. Hier wird die Basis für die Definition von „Gut" und „Böse" gelegt.

Ethik: Ethik verleiht der Moral einen wissenschaftlichen Anstrich, d.h. Ethik versucht moralische Grundsätze wissenschaftlich zu begründen.

Lösung 33 *Personalmanagement*

Zur Umsetzung eines Personalmanagements in Unternehmen stehen mehrere Möglichkeiten zur Verfügung.

1. Die Geschäftsleitung selbst übernimmt das Personalmanagement, eignet sich eher für kleinere und mittlere Betriebe.

2. Das Personalmanagement wird von einer eigens geschaffenen Personalabteilung im Unternehmen übernommen.

3. Das Personalmanagement wird in den jeweiligen Abteilungen angesiedelt.

4. Eine weitere Möglichkeit besteht darin das gesamte Personalmanagement einem externen Spezialisten zu überlassen (Ausgliederung).

Lösung 34 *Stellenbeschreibung*

Eine Stellenbeschreibung weist im Detail die Aufgaben, Zuständigkeiten und Inhalte einer Stelle auf. Durch die klare Strukturierung von Stellenbeschreibungen stellen diese ein wichtiges Instrument der Personalentwicklung dar.
Inhalte einer Stellenbeschreibung sind: Unter- bzw. Überstellung, Vertretung, Haupt- und Nebenaufgaben, Stellenbezeichnung, Stellenziele, Stellenanforderungen…

Lösung 35 *Führungstechniken*

Management by Objectives:
Management by Objectives bedeutet "Führen durch Zielvereinbarung". Hierbei werden die Ziele gemeinsam mit dem Mitarbeiter festgelegt (SMART-Regel) und der Mitarbeiter beschreitet den Weg zum Ziel weitestgehend alleine. Sollte er den vorgegebenen Rahmen einmal verlassen, greift die Führungskraft unterstützend ein. Der Weg zum Erreichen des Ziels steht hierbei im Vordergrund.

Management by Delegation:
Bei Management by Delegation (Aufgabenbezogenes Führen) werden dem Mitarbeiter konkrete Aufgaben oder kleine Projekte übertragen, die er alleine abwickelt. Voraussetzung für die Umsetzung dieser Führungstechnik ist die Delegation von Kompetenz und Verantwortung an den Mitarbeiter und das „Loslassen" der Führungskraft.

Management by Exception:
Management by Exception (Führen nach dem Ausnahmefall) hat zum Ziel dem Mitarbeiter dauerhaft Verantwortung zukommen zu lassen und nur in Ausnahmefällen einzugreifen. Beispiel: Ein Mitarbeiter darf im Einkauf bis zu 5.000€ selbstständig einkaufen und entscheiden. Alles was die 5.000€ übersteigt, muss mit Rücksprache des Vorgesetzten entschieden werden, bzw. entscheidet die Führungskraft.

Management by Decision Rules:

Management by Decision Rules (Führen nach Regeln) ist die Führungstechnik, bei der
der Mitarbeiter in einem bestimmten Bereich völlig autark Entscheidungen treffen
darf und soll, solange er sich an die vorgegebenen Regeln hält.

Lösung 36   *Bedürfnispyramide*

Die Bedürfnispyramide nach Maslow besteht aus fünf Ebenen. Die unterste Ebene
beinhaltet die körperlichen Grundbedürfnisse, wie das Bedürfnis nach Nahrung und
einer Wohnung.

Auf der zweituntersten Ebene befindet sich das Bedürfnis nach Sicherheit, z.B. nach
einem sicheren Arbeitsplatz. In der Mitte der fünfstufigen Pyramide steht das Bedürfnis nach sozialen Kontakten im Beruf und im Privatleben.

An zweitoberster Stelle findet sich die soziale Anerkennung wieder, die sich im Beruf
in einer verantwortlichen Position und im Privaten in einem Ehrenamt wiederspiegelt.

An höchster Stelle der Pyramide befindet sich die persönliche Selbstverwirklichung,
beispielsweise eine berufliche Tätigkeit, die Spielraum zur Entwicklung der eigenen
Persönlichkeit zulässt.

Unter einer intrinsischen Motivation versteht man eine Motivation, die ihren Antrieb von innen heraus begründet, d.h. von der Person selber kommt. Manche Tätigkeiten übt man gerne aus, weil sie Spaß machen und herausfordernd sind. Im Gegensatz dazu zeugt extrinsische Motivation von Anreizen, die von außen kommen,
wie beispielsweise finanzielle Gesichtspunkte oder Aufstiegsmöglichkeiten.

Lösung 37   *Management by Objectives – Management by Delegation*

Management by Objectives:

Vorteile:

- für den Mitarbeiter motivierend
- Transparenz in der Beurteilung der Leistung
- klare Struktur der Ziele durch die SMART-Regel

Nachteile:

- eventuell zu hoher Leistungsdruck für den Mitarbeiter alleine das Ziel zu
  erreichen
- Unklarheiten bei der Zielformulierung ohne SMART-Regel
- bis zur erfolgreichen Umsetzung kann es lange dauern
- ...

Management by Delegation:

Vorteile:

- Entlastung der Führungskraft
- hoher Lerneffekt beim Mitarbeiter
- Förderung der Selbstständigkeit der Mitarbeiter
- …

Nachteile:

- drohende Überforderung der Mitarbeiter
- Gefahr des Scheiterns
- keine Entwicklung, wenn die Führungskraft nicht „loslassen" kann
- …

Lösung 38 *Pareto- und Eisenhower-Prinzip*

Eisenhower Prinzip

Der ehemalige Präsident der USA, „Dwight D. Eisenhower", hat eine 4-Felder Matrix bezüglich Dringlichkeit und Wichtigkeit erstellt. Er unterteilte die täglich zu absolvierenden Aufgaben in:

- dringlich & wichtig
- dringlich & nicht wichtig
- nicht dringlich, aber wichtig
- nicht dringlich & nicht wichtig

Für jede der einzelnen Felder hat er eine entsprechende Strategie entwickelt.

1. **Strategie I:**
   Aufgaben, die wichtig und dringend sind, werden von der Führungskraft selbst erledigt.
2. **Strategie II:**
   Aufgaben, die wichtig, aber nicht dringend sind, werden auf Wiedervorlage gelegt und später abgearbeitet.
3. **Strategie III:**
   Aufgaben, die nicht wichtig, aber dringend sind, werden delegiert.
4. **Strategie IV:**
   Aufgaben, die nicht wichtig und nicht dringend sind, werden weggelassen.

Pareto-Prinzip (80/20-Regel)

Der Italiener Vilfredo Pareto entwickelte bei der Untersuchung über die Verteilung des Volksvermögens gegen Ende des 19. Jahrhunderts die nach ihm benannte Regel.

Er stellte fest, dass 20% der Bevölkerung über 80% des Vermögens besaßen. Weitere Beispiele der Pareto-Regel sind:

- mit 20% der Artikel werden 80% der Umsätze erzielt
- 20% aller Krankheitssymptome verursachen 80% aller Erkrankungen im Beruf (Grippe, Bandscheibe, Burnout)

Lösung 39   *Führungsstile*

eindimensional: autoritär, kooperativ, laissez faire

zweidimensional: leistungs- und mitarbeiterorientiert (GRID, Blake Mouton)

dreidimensional: situativ

Lösung 40   *Führungsstile*

Autoritärer Führungsstil:

Der autoritäre Führungsstil zeichnet sich dadurch aus, dass die Aufgaben von oben nach unten angewiesen werden. Ein selbstständiges Denken sowie eine Eigeninitiative der Mitarbeiter sind nicht gewünscht und werden auch nicht geduldet. Die Führungskraft erwartet, dass die Anweisungen ohne Widerspruch ausgeführt werden. Dem Vorteil der schnellen Entscheidungsfindung steht beispielsweise der Nachteil der Demotivation der Mitarbeiter gegenüber.

Kooperativer Führungsstil:

Im Gegensatz zum autoritären Führungsstil setzt der kooperative Führungsstil auf die Meinung und die Ideen der Mitarbeiter. Hierbei wird Eigenverantwortung auf die Mitarbeiter übertragen. Vorteil des kooperativen Führungsstils ist die hohe Motivation der Mitarbeiter, nachteilig wirkt sich die anhaltende Diskussion über den Lösungsweg und die Dauer der Entscheidungsfindung aus.

Laissez faire Führungsstil:

Dieser Führungsstil fördert die Kreativität und die Freiheit der Mitarbeiter in Unternehmen. Die Mitarbeiter bestimmen die jeweiligen Abläufe innerhalb ihres Aufgabengebietes selber und sind der Führungskraft diesbezüglich auch keine Rechenschaft schuldig. Somit wird die selbstständige Arbeitsweise der Mitarbeiter sehr stark gefördert. Vor allem in den Bereichen Werbung und EDV wird dieser Führungsstil häufiger angewandt. Im Bereich der Produktion ist er undenkbar.

Lösung 41   *Führungsstile*

Der zweidimensionale Führungsstil orientiert sich nicht nur an der reinen Leistung, sondern berücksichtigt auch die menschliche Komponente. Blake und Mouton haben aus dieser Erkenntnis weitere Führungsvarianten unter dem Dach des zweidimensionalen Führungsstils entwickelt. So haben Sie in ihrem Verhaltensgitter (Grid-Modell) unterschiedliche Führungsstile angesiedelt.

- 9.1-Führungsstil: sehr stark leistungsorientiertes Führen, die menschliche Komponente kommt nicht vor
- 1.1-Führungsstil: weder leistungs- noch mitarbeiterorientiertes Führen
- 1.9-Führungsstil: im Mittelpunkt steht der Mensch und weniger die Leistung
- 9.9-Führungsstil: ausgewogenes Führungsverhalten, die Leistung und der Mensch werden auf eine Stufe gestellt
- 5.5-Führungsstil: hier steht der Kompromiss im Vordergrund

Der dreidimensionale Führungsstil, auch situativer Führungsstil genannt, beruht auf der Erkenntnis, dass die einzelnen Führungsstile, ob ein- oder zweidimensional, nicht immer auf jede Person gleich anzuwenden sind. Der situative Führungsstil nach Hersey/ Blanchard passt den Führungsstil der jeweiligen Person und dessen Reifegrad an. Die drei Dimensionen des situativen Führungsstils sind der Mitarbeiter, die Führungskraft und die Aufgabe.

Lösung 42   *Führungsstile*

autoritärer Führungsstil: Der Mitarbeiter fällt in Ungnade, wird gemaßregelt und bekommt Angst.

Laissez-faire Führungsstil: Es erfolgt kein Feedback mit dem Mitarbeiter, der Fehler wird nicht offiziell wahrgenommen.

1.9-Führungsstil: Der Mitarbeiter steht im Vordergrund, es interessiert eher wie sich der Mitarbeiter fühlt, als die Notwendigkeit die Ursache für den Fehler zu eliminieren.

situativer Führungsstil: Je nach Reifegrad des Mitarbeiters fallen die Reaktionen unterschiedlich aus.

Lösung 43   *Führen von Gruppen*

Gruppendynamik:

Eine Gruppendynamik beschreibt sich entwickelnde Verhaltensweisen, die sich aus dem Zusammensein einer Gruppe entwickeln. Innerhalb einer Gruppe werden gleichartige Meinungen verstärkt und gemeinsame Lösungsvorschläge vorangetrieben. Dies wäre bei jeweiligen Einzelmeinungen außerhalb der Gruppe nicht möglich.

Gruppendynamik kann produktiv oder unproduktiv sein, d.h. Problemlösungen vorantreiben oder behindern.

Gruppenkohäsion:

Als Gruppenkohäsion wird der Zusammenhalt der einzelnen Mitarbeiter innerhalb einer Gruppe bezeichnet.

Lösung 44 — *Phasen der Teamentwicklung*

Die Phasen der Teamentwicklung lauten:

Forming →Storming → Norming → Performing →Adjourning

Forming (Orientierungsphase):

Gruppenmitglieder treffen zum ersten Mal innerhalb der neu formierten Gruppe aufeinander. Es existieren keine Regeln und keine klaren Abläufe. Verschiedene Gruppenmitglieder starten den Versuch der Profilierung.

Teamstatus: nicht vorhanden!

Storming (Konfliktphase):

Klärung der einzelnen Rollen innerhalb der Gruppe. Wer ist der informelle Führer? Wer ist Mitläufer? etc. Es kommt zu Konflikten innerhalb der Gruppe, die Gruppe formiert sich.

Teamstatus: entwickelt sich!

Norming (Strukturierungsphase):

Jedes Gruppenmitglied hat seinen Platz gefunden, die unterschiedlichen Autoritäten und Positionen innerhalb der Gruppe werden anerkannt. Die Spielregeln der Zusammenarbeit bilden sich und werden von allen akzeptiert.

Teamstatus: Team hat sich gebildet!

Performing (Leistungsphase):

Leistungssteigerung innerhalb der Gruppe. Jedes Teammitglied erfüllt seine Aufgaben, somit ist die Produktivität der Gruppe höher als die Summe der Einzelleistungen.

Teamstatus: Team entwickelt sich weiter!

Adjourning (Endphase)

Das Projekt ist erfolgreich beendet. Die Gruppe löst sich auf, die einzelnen Projektteammitglieder kehren an ihren ursprünglichen Arbeitsplatz zurück.

Teamstatus: Team löst sich auf.

Lösung 45 — *Mitarbeitertypen*

Emigrant ➪ kann sich mit den Veränderungen nicht anfreunden und verlässt das Unternehmen.

Offener Gegner ⇨ sagt offen, dass er mit den Veränderungen nicht einverstanden ist, ihm geht es nur um die Sache. Diesem Mitarbeitertyp sollte zugehört und mit ihm über Veränderungen diskutiert werden.

Neider ⇨ neidet der neuen Führungskraft die Position und schürt in der Abteilung Unruhe und Unzufriedenheit.

Befürworter ⇨ unterstützt die Veränderungen, da er entweder für sich selbst und / oder für das Unternehmen einen Vorteil aus diesem Wandel erkennt.

Lösung 46   *Konfliktmanagement*

<u>zu a) Was ist ein Konflikt?</u>

Von einem Konflikt (Spannungssituation) spricht man, wenn mindestens zwei Personen über unterschiedliche Ansichten, Einstellungen, Werte und Normen verfügen und diese innerhalb einer Gruppe aufeinandertreffen.

<u>zu b) Vier Gründe der Konfliktentstehung</u>

- starke Leistungsunterschiede innerhalb eines Teams
- Überforderung einzelner Mitarbeiter
- unterschiedliche Interessensgruppen
- unterschiedliche Wissensstände zu vereinzelten Problemfeldern
- zwischenmenschliche Differenzen
- Angst vor Veränderungen
- Neid und Missgunst

<u>zu c) Drei Arten von Konflikten</u>

Beurteilungskonflikt: Unterschiedlicher Informationsstand führt zu unterschiedlichen Beurteilungen der Situation.

Verteilungskonflikt: Durch begrenzte Ressourcen und den dadurch entstehenden Verteilungskampf entsteht ein Konflikt.

Wertekonflikt: Stoßen Menschen mit unterschiedlichen Werten, Normen und Moralvorstellungen aufeinander, kann es zu Konflikten kommen.

Beziehungskonflikt: Neid, Missgunst und Vorurteile führen zu Konflikten, wenn die eine Seite die andere Seite persönlich verletzt.

<u>zu d) Konsequenzen, wenn Konflikte nicht gelöst werden</u>

- sinkende Produktivität
- sinkender Teamgedanken
- Erhöhung des Krankenstandes

- erhöhte Fluktuation
- steigende Unzufriedenheit
-

<u>zu e) Ablauf eines Konfliktes</u>

1. Meinungsverschiedenheiten und Spannungen führen zu Konflikten (Konfliktentstehung).

2. Die Führungskraft erkennt durch unterschiedliche Verhaltensweisen der Beteiligten den Konflikt (Konflikterkennung).

3. Die Führungskraft analysiert die Ursachen des Konfliktes und schätzt die Art des Konfliktes ein (Konfliktanalyse).

4. Die Führungskraft muss die Herangehensweise für die Lösung des Konfliktes festlegen. Hierzu stehen ihm verschiedene Möglichkeiten (Kompromiss, Konsensfindung oder Anweisung) zur Verfügung (Konflikthandhabung).

<u>zu f) Fünf vorbeugende Maßnahmen, um Konflikte einzudämmen oder zu verhindern</u>

1. respektvolle Zusammenarbeit.

2. offene und direkte Ansprache bei Differenzen.

3. ausreichender Informationsstand für alle Beteiligten.

4. Kritik wird nur konstruktiv geäußert.

5. Kompromissbereitschaft bei unterschiedlichen Standpunkten.

6. Standpunkte und Meinungen von anderen Teammitgliedern werden akzeptiert.

Lösung 47   *Mediation*

Unter einer Mediation wird die außergerichtliche Möglichkeit verstanden einen Konflikt zu lösen. Hierbei wird ein meist externer und unabhängiger Mediator eingesetzt, der versucht eine für beide Seiten akzeptable Lösung zu finden. Voraussetzung ist, dass der Mediator von beiden Seiten akzeptiert wird, sich mit den unterschiedlichen Ansatzpunkten wertneutral auseinandersetzt und Lösungen vorschlägt. Die vorgeschlagene Lösung muss von beiden Konfliktparteien akzeptiert werden.

Lösung 48   *Spannungsfeld der Führungskraft*

Anforderungen des Unternehmens an eine Führungskraft:
- Verantwortungsbewusstsein, Durchsetzungsvermögen, Flexibilität und Stressresistenz
- Weiterentwicklung der Mitarbeiter durch permanente Schulungen
- Erreichen der qualitativen Unternehmensziele
- Erreichen der quantitativen Unternehmensziele

Anforderungen der Mitarbeiter an eine Führungskraft:
- leistungsgerechte Entlohnung
- Erhalt des Arbeitsplatzes
- menschlicher Umgang
- Förderung der beruflichen Fähigkeiten
- zielgerichtete Ausbildung
- …

Lösung 49   *Autorität und Kompetenz*

Wenn es um den Begriff der Autorität (Ansehen, Respekt) geht, wird zwischen „verliehener Autorität" oder auch „Amtsautorität" und „fachlicher Autorität" und „persönlicher Autorität" unterschieden.

Verliehene Autorität: Unter einer verliehenen Autorität versteht man die Autorität, die unmittelbar mit der Position der Führungskraft verbunden ist. Sie ist unabhängig von der Person.

Fachliche Autorität: Fachliche Autorität wird durch Leistung und entsprechendes fachliches Wissen aufgebaut und ist unmittelbar mit der Person verbunden.

Persönliche Autorität: Die persönliche Autorität hängt mit der Person direkt und deren Verhaltensweisen (Vorbildfunktion) zusammen. Sie wird durch Aura und Ausstrahlung mitbeeinflusst.

Die reine Amtsautorität muss durch die fachliche und persönliche Autorität (erworbene Autorität) ergänzt werden, um die führungsspezifischen Anforderungen einer Führungskraft zu erfüllen.

Unter der Handlungskompetenz werden folgende Kompetenzen gebündelt:

- **Methodenkompetenz**: geeignete Verfahren zur Informationsweitergabe in Schulungen oder Sitzungen, effiziente Entscheidungskompetenz

- **Persönlichkeitskompetenz**: Vorbildfunktion, persönliches Engagement

- **Fachkompetenz**: ausgebildetes Fachwissen

- **Sozialkompetenz**: sozialverantwortliches Handeln

Lösung 50   *Personalplanung*

Unter einer quantitativen Personalplanung versteht man, dass dem Unternehmen die benötigte Anzahl an Mitarbeitern zum richtigen Zeitpunkt zur Verfügung gestellt wird.

Quantitative Personalplanungsmethoden sind:

- Schätzmethode
- Kennzahlenmethode
- Stellenplanmethode
- Extrapolation
- ...

Qualitative Personalplanung hat das Ziel Mitarbeiter mit der entsprechenden fachlichen Qualifikation auszustatten.

Qualitative Personalplanungsmethoden sind:

- Fortbildungsmaßnahmen
- Interne und externe Seminare

Lösung 51   *Quantitative Personalplanung*

Zu den Verfahren der quantitativen Personalplanung gehören:

- Schätzmethode: Die Schätzmethode basiert auf der Erfahrung von Führungskräften die benötigte Anzahl der Mitarbeiter, aufgrund von Erfahrungswerten, zu schätzen.

- Kennzahlenmethode: Die Kennzahlenmethode lehnt sich an die Schätzmethode an und errechnet den notwendigen Personalbedarf anhand von Kennzahlen aus der Vergangenheit, beispielsweise Umsatz pro Mitarbeiter. Somit ermittelt man für den zukünftigen Umsatz über diese Kennzahl den Bedarf an Mitarbeitern.

- Extrapolation: Bei der Extrapolation werden Werte aus der Vergangenheit für die Zukunft fortgeschrieben, d.h. Basis der Personalplanung sind die Zahlen aus der Vergangenheit.

- Stellenplanmethode: Die Stellenplanmethode erfolgt in drei Schritten:
    1. Ermittlung des Bruttopersonalbedarfs
       Momentan vorhandene Stellen
       + Anzahl der neu zu besetzenden Stellen
       <u>-Anzahl der wegfallenden Stellen</u>
       = Bruttopersonalbedarf

2. Ermittlung des fortgeschriebenen Personalbestands
    Ist-Personalbestand
    -feststehende Abgänge
    <u>+ feststehende Zugänge</u>
    = fortgeschriebener Personalbestand
3. Ermittlung des Nettopersonalbedarfs
    Bruttopersonalbedarf
    <u>-fortgeschriebener Personalbestand</u>
    = Nettopersonalbedarf

Lösung 52   *Personalmarketing*

Der Begriff des Personalmarketings setzt sich aus den Begriffen Personal und Marketing zusammen, somit handelt es sich um eine Kombination aus personalpolitischen Gesichtspunkten und marketingpolitischen Maßnahmen. Hierzu zählen Stellenanzeigen, Hausmessen, externe Messen oder die Kontaktaufnahme mit Universitäten, Fachhochschulen oder Schulen, um geeignete Führungskräfte zu rekrutieren.

Unter internes Personalmarketing fallen Vergütungen, interne Weiterbildungen und Delegation von Kompetenz & Verantwortung.

Zum externen Personalmarketing gehören freie Stellen auf der Homepage zur Information für externe Bewerber, Headhunter-Einsätze für externe Kandidaten und Stellenanzeigen in regionalen und überregionalen Zeitungen.

Lösung 53   *Personalbeschaffung*

<u>Interne Personalbeschaffung:</u>

Stellenanzeigen am schwarzen Brett, Versetzung von eigenem Personal in andere Abteilungen etc.

<u>Externe Personalbeschaffung:</u>

Headhunter-Einsätze zur Rekrutierung von Führungskräften, Agentur für Arbeit, Stellenanzeigen in Zeitungen und Fachzeitschriften …

Lösung 54   *Personalanpassungsmaßnahmen*

Zeitweise wirksame Maßnahmen werden in der Regel dann angewandt, wenn kurzfristige Veränderungen der Nachfrage auftreten, die nur eine begrenzte Zeit anhalten. Diese können sowohl positive (zusätzliche, nicht nachhaltige Nachfragesteigerungen in Form von Sonderaufträgen), als auch negative Einflüsse auf die Abläufe im Unternehmen beinhalten (kurzfristiges Abschwächen der Konjunktur und daraus resultierender Nachfragerückgang).

Beispiele für zeitweise wirksame Maßnahmen:

- Einsatz von Leiharbeitern
- Nichtverlängerung von auslaufenden Verträgen
- Aufbau von Minusstunden
- Kurzarbeit
- …

Dauerhaft wirksame Maßnahmen haben ihre Berechtigung, wenn Situationen eintreten, die nicht von kurzer Dauer sind, sondern langfristigen Charakter haben. Diese können sowohl positive (zusätzliche, nachhaltige Nachfragesteigerungen in Form von neuen, vertraglich vereinbarten Aufträgen für mehrere Jahre), als auch negative Einflüsse auf die Abläufe im Unternehmen beinhalten (langfristige Abschwächen der Nachfrage, durch Wegfall eines Großkunden).

Beispiele für dauerhaft wirksame Maßnahmen:

- Aufhebungsverträge
- Kündigungen
- Altersteilzeit
- …

Gründe für Personalanpassungsmaßnahmen:

- konjunkturelle Veränderungen
- Firmenkauf oder Kooperation mit anderen Unternehmen
- Standortverlagerung in Billiglohnländer
- Insolvenz
- …

Lösung 55   *Personalanpassungsmaßnahmen*

betriebsbedingte Kündigung: Betriebsbedingte Kündigungen fallen an, wenn der Betrieb aufgrund wirtschaftlicher Probleme die Beschäftigung von Teilen der Belegschaft nicht mehr gewährleisten kann. Im Falle einer betriebsbedingten Kündigung wird in der Regel ein Sozialplan erstellt und die betroffenen Mitarbeiter haben nach §1aKSchG einen Anspruch auf eine Abfindung.

Aufhebungsvertrag: Aufhebungsverträge finden in der Regel ohne gerichtliche Verfügung statt. Sie werden aus Sicht des Arbeitgebers benutzt, um den Personalbestand zu reduzieren. Hierbei handelt es sich, im Gegensatz zu einer Kündigung, um eine beidseitige Willenserklärung. Einen Zwang einen Aufhebungsvertrag, der das Arbeitsverhältnis beendet, zu unterschreiben, besteht nicht.

verhaltensbedingte Kündigung: eine verhaltensbedingte Kündigung beruht auf einem starken Fehlverhalten des betroffenen Mitarbeiters und ist personenbezogen. Diese Art der Kündigung ist nur dann durchsetzbar, wenn dem Mitarbeiter schwerwiegende Verstöße nachgewiesen werden können.

befristeter Arbeitsvertrag: Ein befristetes Arbeitsverhältnis wird zwischen Unternehmen und Mitarbeiter für einen bestimmten Zeitraum geschlossen. Die Verlängerung des befristeten Arbeitsverhältnisses obliegt der Arbeitgeberseite, wird der Vertrag nicht verlängert, läuft er aus.

Beispiele für die Unzulässigkeit einer betriebsbedingten Kündigung:

- Betriebsratsmitglieder
- Behinderte
- Schwangere

Lösung 56   *Personalanpassungsmaßnahmen*

Outplacement: Ein Outplacement ist eine Form der Unterstützung zur Neuorientierung von Führungskräften, die in der Regel betriebsbedingt das Unternehmen verlassen müssen. Hierbei helfen externe Berater der Führungskraft sich neu zu orientieren, beispielsweise durch die Erstellung einer professionellen Bewerbung. Outplacement wird in der Regel extern durchgeführt.

Transfergesellschaft: Werden von Personalanpassungen zahlreiche Mitarbeiter betroffen, besteht die Möglichkeit eine Transfergesellschaft zu gründen, in der die Mitarbeiter auf neue berufliche Aufgaben vorbereitet werden. Der Mitarbeiter unterschreibt mit dem alten Unternehmen einen Aufhebungsvertrag und gleichzeitig einen befristeten Arbeitsvertrag (maximal 1 Jahr) mit der Transfergesellschaft. Der Mitarbeiter einer Transfergesellschaft gilt nicht als arbeitslos, was weiterhin Zahlungen in die Rentenversicherung sichert.

Auffanggesellschaft: Geht ein ganzes Unternehmen in Insolvenz, besteht die Möglichkeit eine Auffanggesellschaft zu gründen. Die Funktionsweise entspricht der einer Transfergesellschaft, nur das hier sämtliche Betriebsmittel sich in der Auffanggesellschaft wiederfinden und der Geschäftsbetrieb erhalten bleibt.

Lösung 57   *Entgeltformen*

Bei einem Zeitlohn wird die Tätigkeit eines Mitarbeiters in bestimmte Gehaltsgruppen eingeteilt und das Entgelt ist monatlich gleich – unabhängig von der erbrachten Leistung. Der Zeitlohn ist anforderungsabhängig, d.h. der Zeitlohn bedingt eine nachgewiesene Qualifikation, bzw. Ausbildung, um eine bestimmte Tätigkeit ausüben zu können (Abschluss eines Jurastudiums vor Aufnahme der Rechtsanwaltstätigkeit oder abgeschlossenes Medizinstudium vor Annahme der Stelle des Arztes im

Krankenhaus...). Beispiele für die Vergütung über den Zeitlohn sind: Kauffrau für Bürokommunikation oder der Industriemeister.

Der Leistungslohn ist leistungsabhängig und an eine konkrete Leistung gekoppelt. Je höher die Leistung, desto höher der Lohn. Beispiele für den Leistungslohn sind der Akkord- oder Prämienlohn.

Lösung 58   *Betriebliche Sozialpolitik*

zu a) Betriebliche Sozialpolitik

Unter einer betrieblichen Sozialpolitik versteht man Maßnahmen einer Unternehmenspolitik, um die Mitarbeiter sozial zu unterstützen und sich eventuell durch zusätzliche soziale Maßnahmen vom Wettbewerber abzuheben.

zu b) Gründe für ein Unternehmen Maßnahmen zur Sozialpolitik zu entwickeln und den Mitarbeitern anzubieten

Für Unternehmen gibt es zahlreiche Gründe eigene soziale Konzepte zu entwickeln und dem Mitarbeiter anzubieten.

- Steigerung der Motivation der Mitarbeiter
- steigende Wertschätzung der Mitarbeiter gegenüber dem Unternehmen
- steigende Identifikation der Mitarbeiter gegenüber dem Unternehmen
- Abhebung vom Wettbewerb
- ...

zu c) Drei Bereiche der betrieblichen Sozialpolitik

Bereiche der betrieblichen Sozialpolitik sind:

- Gesundheitsvorsorge
- Altersvorsorge
- Kantine mit vergünstigtem Essen
- ...

zu d) Beschreibung von vier Leistungen der betrieblichen Sozialpolitik

Zu den Leistungen der betrieblichen Sozialpolitik zählen:

- Gesetzliche Leistungen ⬜ z.B. gesetzliche Rentenversicherung, Krankenversicherung, Lohnfortzahlung im Krankheitsfall, Arbeitslosenversicherung, Pflegeversicherung...
- Tarifliche Leistungen (abhängig vom jeweiligen Tarifvertrag) ⬜ z.B. Urlaubsgeld, Weihnachtsgeld, Weiterbezahlung im Urlaub, vermögenswirksame Leistungen...

- Freiwillige Leistungen ⏃

    - Indirekte freiwillige Leistungen (personenunabhängig): Betriebskindergarten, Betriebskantine, finanzielle Unterstützung der Mitarbeiter beim Mitgliedsbeitrag in einem Fitnessstudio…

    - Direkte freiwillige Leistungen (gebunden an die jeweilige Person): Fahrtkostenzuschuss, Gewährung eines Kredites mit besonderen Konditionen…

Lösung 59   *Betriebliche Sozialpolitik*

Das **Cafeteria-Modell** ermöglicht dem Mitarbeiter aus einer Vielzahl vom Unternehmen angebotener betrieblicher Leistungen sich diejenigen auszusuchen, die für ihn passend sind, ähnlich einem Buffet oder einer Essensauswahl in einer Cafeteria. Damit wird die Individualität der Maßnahmen für den Mitarbeiter gewahrt. So ist es für einen Single sinnvoller sich beispielsweise die vermögenswirksamen Leistungen auszusuchen, bevor er den Betriebskindergarten als soziale betriebliche Leistung zur Verfügung gestellt bekommt, der ihm nichts bringt. Eine Mutter kann sich hingegen für den Betriebskindergarten entscheiden, wenn sie dies möchte.

Lösung 60   *Arten der Personalentwicklung*

Humankapital: explizites und implizites Wissen der Mitarbeiter

Beziehungskapital: Beziehungen (wirtschaftlich, informativ…) zu den Stakeholdern des Unternehmens (Kunden, Lieferanten, Behörden, Wettbewerbern…)

Strukturkapital: Wissen des Unternehmens in Form von Abläufen, Prozessen, Strukturen, Qualitätsrichtlinien…

Lösung 61   *Personalentwicklung*

Personalentwicklung aus Sicht des Unternehmens:

- höhere fachliche Qualifikation der Mitarbeiter
- Weiterentwicklung der Persönlichkeit der Mitarbeiter
- Abheben vom Wettbewerb
- höhere Identifikation des Mitarbeiters mit dem Unternehmen
- Teamentwicklung stärken
- Führungskräfte sollen lernen Verantwortung zu übernehmen
- Entlastung der Geschäftsleitung
- …

Personalentwicklung aus Sicht des Mitarbeiters:

- angestrebte Laufbahnplanung (Wo geht der Weg im Unternehmen für den Mitarbeiter hin?)
- fachliche Weiterbildung
- Übernahme von Führungsverantwortung
- höhere Entgelte
- Möglichkeit Entscheidungen zu treffen und damit Abläufe beeinflussen zu können
- ...

Lösung 62   *Personalentwicklung*

Organisationsentwicklung beschäftigt sich mit der Anpassung des Unternehmens an strukturelle und prozessorientierte Veränderungen aufgrund neuer Herausforderungen (Globalisierung, verschärfter Wettbewerb...).

Personalentwicklung dient dazu die fachlichen, sozialen und persönlichen Fähigkeiten aller Mitarbeiter (Führungskräfte und Mitarbeiter) zu verbessern, bzw. zu sichern.

Organisations- und Personalentwicklung bedingen sich gegenseitig. Man spricht von einer sogenannten **Wechselwirkung**, d.h. eine Organisationsentwicklung ist ohne eine Personalentwicklung nicht möglich und umgekehrt.

Nur wenn das Personal dementsprechend ausgebildet ist, lässt sich eine Organisation erfolgreich verändern. Ebenso benötigt eine erfolgreiche Personalentwicklung entsprechende Strukturen innerhalb der Organisation, beispielsweise die Möglichkeit Fehler machen zu dürfen, um daraus lernen zu können.

Lösung 63   *Ausbildung*

Voraussetzungen um als Ausbildungsbetrieb fungieren zu können sind unter anderem:

- Vorhandensein eines fachlich geeigneten Ausbilders mit AdA-Schein
- räumliche und technische Ausstattung im Unternehmen müssen vorhanden sein
- ...

Eine Beurteilung, ob die Voraussetzungen erfüllt sind, trägt die verantwortliche Stelle, beispielsweise die zuständige IHK.

Pflichten des Auszubildenden:

- Lernpflicht: mit allen Kräften der Erlernung des Berufs widmen
- Einhaltung der Betriebsordnung: Einhalten der in der Betriebsordnung niedergeschriebenen Regelungen
- Pflicht zur Verschwiegenheit: Betriebsgeheimnisse dürfen nicht verbreitet werden
- Sorgfaltspflicht: sorgfältige Ausführung der Aufgaben, bspw. Berichtsheft
- Weisungen Folge leisten: Anweisungen der Vorgesetzten, disziplinarisch oder fachlich, sind Folge zu leisten
- Pflicht zur Krankheitsmeldung: ärztliche Bescheinigung bei Krankheit vorlegen
- Bewahrungspflicht: sorgfältiger Umgang mit den Gegenständen des Betriebes
- Schulpflicht: Teilnahme an den Unterrichtseinheiten der Berufsschule

Pflichten des Ausbildungsbetriebs:

- Ausbildungspflicht: Vermittlung aller notwendigen Fertigkeiten und Kenntnisse für den entsprechenden Beruf
- Jugendarbeitsschutzgesetz: Einhaltung der Regelungen im Jugendarbeitsschutzgesetz
- Fürsorgepflicht: Unterweisungen in allen Sicherheitsfragen
- Aufsichtspflicht: Überprüfung, ob der Auszubildende sich an alle Sicherheitsvorschriften hält
- Materialpflicht: Bereitstellung aller notwendigen Materialien
- Kontrollpflicht: Überprüfung des Berichtheftes und des Wissensstandes des Auszubildenden
- Zeugnispflicht: Erstellung eines Zeugnisses am Ende der Ausbildung

Lösung 64   *Duale Ausbildung*

Das duale Ausbildungssystem sieht eine Verbindung zwischen Theorie und Praxis vor. Die Auszubildenden haben eine theoretische Blockausbildung für mehrere Wochen und können anschließend das Gelernte im Betrieb umsetzen. Diese Kombination aus Theorie und Praxis verleiht der Ausbildung einen realitätsnahen Charakter.

Lösung 65   *Fortbildung*

Berufliche Fortbildung: Liegt eine erforderliche Berufserfahrung zugrunde, kann der Mitarbeiter eine berufliche Fortbildung absolvieren. In der Regel wird diese ausgeübt, um den beruflichen Aufstieg vorzubereiten oder zu manifestieren. Beispiele hierfür ist die Fortbildung zum „Geprüften Wirtschaftsfachwirt IHK" oder zum „Geprüften Industriemeister IHK".

Berufliche Umschulung: Kann der Mitarbeiter seinen bisherigen Beruf nicht mehr ausüben, sei es, dass er es gesundheitlich nicht mehr kann oder der bisher ausgeübte Beruf findet auf dem Arbeitsmarkt keine Verwendung mehr, besteht die Möglichkeit der beruflichen Umschulung, die in der Regel auch vom Staat gefördert wird.

Fortbildungsbedarf: Der Fortbildungsbedarf innerhalb der Gesellschaft ist groß (lebenslanges Lernen) und wird in zwei Bereiche unterteilt, den beruflichen und den individuellen Fortbildungsbedarf.

Der **berufliche Fortbildungsbedarf** kann interne (Qualitätsdefizite, hoher Ausschuss etc.) oder externe Gründe (technischer Fortschritt, Konkurrenzdruck etc.) haben.

Der **individuelle Fortbildungsbedarf** dient dazu das Wissen jedes einzelnen Mitarbeiters individuell zu erweitern. Abhängig von der eigenen Karriere-Planung werden unterschiedliche Maßnahmen des individuellen Fortbildungsbedarfs in Anspruch genommen.

Lösung 66   *Fortbildung*

Die berufliche Fortbildung unterteilt sich in:

- Aufstiegsfortbildung: Kommen in einem Unternehmen höhere Aufgaben auf den Mitarbeiter zu, ist dies meistens mit einer Aufstiegsfortbildung verbunden, so kann es sein, dass der Erwerb weiteren Wissens eine entscheidende Voraussetzung zur Übernahme der neuen Stelle ist.

- Erhaltungsfortbildung: Erhaltungsfortbildung liegt dann vor, wenn beispielsweise der Mitarbeiter nach der Elternzeit seine Tätigkeit wiederaufnimmt und sich damit wieder auf den neusten Stand bringt, bzw. seine Kenntnisse auffrischt.

- Anpassungsfortbildung: Von einer Anpassungsfortbildung spricht man, wenn die Anforderung an die Tätigkeit des Mitarbeiters sich beispielsweise durch den technischen Fortschritt verändert. Neue Anforderungen und Herausforderungen am Arbeitsplatz bedingen eine Anpassungsfortbildung des Mitarbeiters.

- Erweiterungsfortbildung: Bei einer Erweiterungsfortbildung besteht die Möglichkeit der Weiterbildung, ohne dass ein sofortiger beruflicher Aufstieg in Aussicht steht.

Lösung 67 *Personalentwicklung*

Training on the Job

Ausbildung am Arbeitsplatz durch "Learning by doing".

Beispiel: Der Vorgesetzte zeigt dem Mitarbeiter das Erstellen eines Retourescheins und der Mitarbeiter füllt danach selbständig diesen Schein aus.

Training out of the Job

Langjährige Mitarbeiter, die in den Ruhestand gehen, werden hier durch gezielte Maßnahmen auf die neue Situation vorbereitet.

Beispiel: Teilnahme an dem Seminar „Keine Langeweile im Ruhestand!"

Training into the Job

Berufsvorbereitende Maßnahmen oder Schritte, die zu einer neuen Tätigkeit im Unternehmen hinführen.

Beispiel: Berufsausbildung, Traineeprogramm für Abiturienten.

Training along the job

Maßnahmen zur Karriereentwicklung bzw. zur Übernahme einer höheren Stelle, die meistens mit Entscheidungskompetenz versehen ist.

Beispiel: Eine angehende Führungskraft absolviert einige Personalführungsseminare.

Training off the Job

Fort- und Weiterbildung außerhalb des Arbeitsplatzes. Dies könnte eine berufliche Weiterbildung bei einem externen Bildungsträger sein oder die Teilnahme an Seminaren und Vorträgen außerhalb der Arbeit beinhalten.

Beispiel: Ausbildung zum „Geprüften Wirtschaftsfachwirt IHK".

Lösung 68 *Arbeitsstrukturierung*

Job-Rotation: Mitarbeiter in einem Team, mit gleicher Gesamtaufgabe, wechseln sich bei den Aufgaben ab, um der Monotonie der immer gleichen Tätigkeit zu entfliehen.

Job-Enlargement: Quantitative Aufgabenerweiterung an einem anderen Arbeitsplatz. Mitarbeiter, die bisher nur in der Fertigung „A" tätig waren sind nun auch in der Fertigung „B" tätig.

Job-Enrichment: Qualitative Aufgabenerweiterung! Der Mitarbeiter kann im Rahmen der vorgegebenen Regeln nun selbst Entscheidungen treffen, bzw. beeinflussen, beispielsweise durch die eigenständige Planung des Personaleinsatzes, natürlich in Abstimmung mit seinen Kollegen.

Lösung 69   *Individuelle Förderung*

Das **Coaching** eröffnet dem Mitarbeiter, innerhalb eines individuellen Trainings, die Möglichkeit Abläufe und Verhaltensweisen in Verbindung mit seiner Aufgabe im Unternehmen zu optimieren. Der meist externe Coach vereinbart mit der Führungskraft oder dem Spezialisten zahlreiche Termine, in denen Themen- und Aufgabengebiete abgearbeitet werden, die die Führungskraft alleine und ohne Hilfe zunächst nicht bearbeiten, bzw. lösen kann.

Oft deckt der Coach Bereiche ab, die in keiner Weiterbildung explizit angesprochen werden oder bei denen intern keine Unterstützung angeboten werden kann.

Ein Coach sollte über folgende Eigenschaften verfügen:

- Vertrauen ausstrahlen
- auf die Führungskraft „Eingehen" können
- hohe Fachkompetenz
- hohe Erfahrung in dem jeweiligen Bereich besitzen
- exzellente fachliche Kompetenz
- ausgeprägte Menschenkenntnis
- ...

Coaching wird häufig im Vertrieb eingesetzt.

Mentoring hingegen sind unternehmensinterne Fördermöglichkeiten, bei denen dem unerfahrenen Mitarbeiter, dem sogenannten Mentee, ein erfahrener Mentor zur Seite gestellt wird. Letzterer vermittelt sein implizites Wissen an den Mentee und ist für viele Fragen und Problemstellungen dessen Ansprechpartner.

Vor allem unterstützt der Mentor seinen „Schützling", den Mentee, in der Phase der Einarbeitung.

Lösung 70   *Potenzialanalyse*

Die **Potentialanalyse** untersucht Fähigkeiten der Mitarbeiter in fachlicher, methodischer, persönlicher und sozialer Hinsicht.

Gleichzeitig wird eine Aussage darüber getroffen, welche Fähigkeiten im Mitarbeiter „schlummern", die durch gezielte Aus- und Weiterbildung geweckt werden könnten.

Die Ergebnisse der Potenzialanalyse werden dann mit dem Anforderungsprofil der jeweiligen Stelle verglichen, um eine Aussage treffen zu können, was nötig ist, damit der Mitarbeiter die Stelle bestmöglich ausfüllen kann.

Die Potenzialanalyse ist auf der Suche nach verborgenen Fähigkeiten der Mitarbeiter, um diese für das Unternehmen zu nutzen und soll eine Unter- oder Überforderung der jeweiligen Personen vermeiden.

Lösung 71   *Assessment-Center*

In einem Assessmentcenter (AC) werden Kandidaten in unterschiedlichen Szenarien getestet, ob sie für die zu besetzende Stelle geeignet sind. Die zu absolvierenden Übungen werden von geschulten Beobachtern überwacht und die einzelnen Teilnehmer von diesen beurteilt.

Die verschiedenen Aufgaben werden in Rollenspielen, Gruppenarbeiten, Postkorbübungen, Konzentrations- und Leistungstests etc. durchgeführt.

Organisatorische Voraussetzungen für die Durchführung eines Assessment-Centers sind:

- geeignete Räumlichkeiten

- geschulte Beobachter

- bewertbare Übungen

- einheitliche Beurteilungsbögen

- ...

Lösung 72   *Beurteilung*

<u>zu a) Beurteilungskriterien</u>

Beurteilungskriterien: Leistungsmerkmale und Persönlichkeitsmerkmale, d.h. es erfolgt die Beurteilung anhand der Leistung und des Verhaltens des Mitarbeiters.

<u>zu b) Phasen der Beurteilung</u>

Die einzelnen Phasen einer Beurteilung lauten:

1. Beobachtung: Beobachtung des Arbeitsverhaltens der Mitarbeiter zu verschiedenen Zeiten, die Beobachtung sollte unauffällig erfolgen.

2. Beschreibung: Die Beobachtungen werden schriftlich festgehalten.

3. Bewertung: Die Bewertung der beobachteten Leistung erfolgt in einem für alle Mitarbeiter der Abteilung gleichen Beurteilungsschema, um Vergleiche zwischen den Mitarbeitern zu ermöglichen.

4. Besprechung: Durchführung eines Beurteilungsgesprächs.

<u>zu c) Beurteilungsfehler</u>

Zu den klassischen Beurteilungsfehlern gehören:

- Halo-Effekt: ein positives Ereignis dominiert alle anderen Eindrücke
- Negativ-Effekt: ein negatives Ereignis dominiert alle anderen Eindrücke
- Sympathie-Effekt: je sympathischer ein Mitarbeiter der Führungskraft ist, desto größer ist die Wahrscheinlichkeit einer besseren Beurteilung (umgekehrt bei Antipathie)
- Nikolaus-Effekt: Leistungen aus der jüngeren Vergangenheit überlagern Leistungen aus der älteren Vergangenheit (kommt häufig vor, wenn Leistungen nicht kontinuierlich erfasst werden)
- Tendenz zur Milde: Führungskraft versucht möglichst Milde zu beurteilen, um eventuellen Konflikten aus dem Weg zu gehen
- …

Lösung 73   *Beurteilung*

Voraussetzungen zur Durchführung eines erfolgreichen Beurteilungsgesprächs sind u.a.:

- genügend Zeit einplanen
- Mitarbeiter rechtzeitig einladen (3-4 Tage vorher)
- geeigneten Raum auswählen
- das Gespräch findet unter vier Augen statt
- sehr gut auf das Gespräch vorbereiten
- …

Ein Beurteilungsgespräch sollte wie folgt ablaufen:

1. Begrüßung.
2. Zuerst über belanglose Dinge sprechen, damit der Mitarbeiter die Nervosität ablegt, d.h. für eine „lockere Atmosphäre" sorgen.
3. Positiven Einstieg schaffen, indem zunächst die guten Leistungen besprochen werden.
4. Meinung des Mitarbeiters hören (Stellungnahme).
5. Nun über die Dinge sprechen, die nicht gut gelaufen sind.
6. Meinung des Mitarbeiters hören (Stellungnahme).

7. Gemeinsam Wege aufzeigen, welche die Leistung des Mitarbeiters verbessern.
8. Positiven Abschluss suchen.
9. Termin für ein Feedbackgespräch vereinbaren.
10. Verabschiedung.

Lösung 74 *Betriebsklima*

Ein Betriebsklima ist die subjektive Einschätzung der Zusammenarbeit mit den Kollegen.

Folgende Faktoren können das Betriebsklima beeinflussen:

- Führungsverhalten des Vorgesetzten (Führungsstil)
- Anforderungen, denen der Mitarbeiter ausgesetzt ist
- Umgang der Kollegen untereinander (zwischenmenschliche Beziehungen)
- …

Lösung 75 *Personalbedarf*

Ermittlung des Kapazitätsbestands:

12MA * 8h/Tag * 25 Tage * 0,9 = 2.160h

Es können durch die bisherigen MA 2.160h zur Verfügung gestellt werden.

Der Planungsfaktor von 0,9 errechnet sich wie folgt:

Der Mitarbeiter steht dem Unternehmen zu 100% zur Verfügung, abzüglich Urlaub, Krankheit und Weiterbildung. Dies bedeutet, dass im Monat Mai lediglich 90% der Arbeitskraft pro Mitarbeiter dem Unternehmen zur Verfügung steht (100% -2,5% - 2,5% -5% = 90% = 0,9).

Ermittlung des Kapazitätsbedarfs:

3.780 Teile * 40 Minuten = 151.200 Minuten = 2.520h. Der gesamte Auftrag umfasst 2.520h.

Somit entsteht eine Lücke von 360h.

Ein MA arbeitet 8h am Tag und im Monat Mai 25 Tage, bei einem Planungsfaktor von 0,9, d.h. er steht dem Unternehmen 180h zur Verfügung.

Bei einer Differenz von 360h ergibt sich ein zusätzlicher Bedarf von 2MA.

Bruttopersonalbedarf zur Bearbeitung des Auftrags = 14MA

Berücksichtigt man nun die Zugänge und Abgänge im Mai ergibt sich der Nettopersonalbedarf wie folgt:

Bruttopersonalbedarf   14 MA

+Mitarbeiter, die in Ruhestand gehen	3MA
-neu eingestellte Mitarbeiter	2MA
=Nettopersonalbedarf (ohne bisherigen Stand)	15MA

Bezieht man nun die bestehenden 12 MA mit ein, müssen 3MA neu eingestellt werden. Nettopersonalbedarf = 3MA

DISCLAIMER

Die Inhalte dieses Buches wurden mit größtmöglicher Sorgfalt erstellt. Der Autor übernimmt jedoch keinerlei Gewähr für die Vollständigkeit der bereitgestellten Informationen. Haftungsansprüche gegen den Autor, welche sich auf Schäden materieller oder ideeller Art beziehen, die durch die Nutzung oder Nichtnutzung der dargebotenen Informationen bzw. durch die Nutzung fehlerhafter und unvollständiger Informationen verursacht wurden, sind grundsätzlich ausgeschlossen, sofern nicht durch den Leser ein grob fahrlässiges Verschulden des Autors nachgewiesen werden kann.

Alle hier aufgeführten Namen, Warenzeichen sind Eigentum des jeweiligen Herstellers, des jeweiligen Unternehmens und dienen lediglich dem Inhalt des Textes als Beispiel. Sofern Teile oder einzelne Formulierungen dieses Textes der geltenden Rechtslage nicht, nicht mehr oder nicht vollständig entsprechen sollten, bleiben die übrigen Teile des Dokumentes in ihrem Inhalt und ihrer Gültigkeit davon unberührt.